Stb

Nicolaus Klein, geb. 1948, ist Heilpraktiker mit Schwerpunkt Psychotherapie. Darüber hinaus ist er als Buchautor, Seminarleiter und beratender Astrologe tätig. Die Astrologie nutzt er dabei vor allem als differenziertes Instrument zur Charakteranalyse und Erkundung der Bestimmung/Berufung eines Menschen. Weiterhin ist er ein von japanischen und koreanischen Meistern ausgebildeter Meditationslehrer, der die ZEN-Praxis beim Rinzai-ZEN-Patriarchen Oi Saidan Roshi studierte.

Geduldig, anschaulich und einfühlsam erklärt der Autor in diesem Buch das komplizierte System der Häuser im Horoskop. Er lädt seine Leser ein, beinahe spielerisch mit den verschiedenen astrologischen Deutungen und Symbolen umzugehen und schenkt ihnen tiefgreifende Einsichten in das Wesen der Astrologie. Da er die jeweils unerlösten und erlösten Ebenen eines Hauses aufzeigt, fällt es auch astrologisch ungeübten Lesern leicht, die wahre Bedeutung des betreffenden Hauses zu erfassen und im eigenen Leben nachzuvollziehen.

*Nicolaus Klein*

# Die Systematik des astrologischen Häusersystems

*Der wunderbare Kreis*

Schirner Taschenbuch

Die Originalausgabe erschien 1988
unter dem Titel
*Der wunderbare Kreis*

Die deutsche Ausgabe erschien zuletzt 1988 im
Heinrich Hugendubel Verlag, München

*ISBN 3-89767-431-9*

1. Auflage


Umschlaggestaltung: Murat Karaçay
Satz: Elke Hoffmann
Herstellung: Reyhani Druck und Verlag, Darmstadt

www.schirner.com

# Inhaltsverzeichnis

Vorwort ........ 9

Einleitung ........ 11

*Teil 1*
*Das astrologische Häusersystem* ........ 19

Das 1. Haus ........ 27
Das 2. Haus ........ 28
Das 3. Haus ........ 28
Das 4. Haus ........ 29
Das 5. Haus ........ 30
Das 6. Haus ........ 31
Das 7. Haus ........ 33
Das 8. Haus ........ 34
Das 9. Haus ........ 34
Das 10. Haus ........ 35
Das 11. Haus ........ 36
Das 12. Haus ........ 36

Das Häusermandala als Abbild eines
archetypischen Entwicklungszyklus ........ 39

Die Anwendung des Häusermandalas
als Lebenshilfe ........ 65

## *Teil II*
## *Die Bedeutungen der Häuser und ihre wechselseitigen Bezüge*

*Teil II Die Bedeutungen der Häuser und ihre wechselseitigen Bezüge* ... 71

Das 1. Haus ... 71
Das 2. Haus ... 78
Das 3. Haus ... 85
Das 4. Haus ... 92
Das 5. Haus ... 99
Das 6. Haus ... 106
Das 7. Haus ... 114
Das 8. Haus ... 121
Das 9. Haus ... 128
Das 10. Haus ... 136
Das 11. Haus ... 143
Das 12. Haus ... 150

*Teil III Das »Häusermandala« und seine Konsequenzen für das Verständnis anderer astrologischer Deutungsfaktoren* ... 157

1. Das Verhältnis der Tierkreiszeichen zueinander 157

2. Konsequenzen aus dem Häuserkreis für die Aspekte ... 163

3. Konsequenzen aus der Betrachtung des Häuserkreises für die einzelnen Tierkreiszeichen ......... 173

Widder ........ 173
Stier ........ 176
Zwillinge ........ 177
Krebs ........ 179
Löwe ........ 181
Jungfrau ........ 183
Waage ........ 185
Skorpion ........ 187
Schütze ........ 189
Steinbock ........ 191
Wassermann ........ 193
Fische ........ 195

Schlußbemerkung ........ 198

Bibliographie ........ 199

# Vorwort

Das vorliegende Buch ist für all diejenigen geschrieben, die auf der Suche nach der Wahrheit sind und denen es Freude bereitet, diese Wahrheit gedanklich einzukreisen.
Einerseits ist bekannt, daß Wahrheit eigentlich nicht beschreibbar ist, andererseits haben uns viele Weise gezeigt, daß man sich ihr durch gleichnishafte Beschreibung annähern kann, wie ich es auch mit diesem Buch versuchen möchte. Daß ich dabei das Modell des astrologischen Häusersystems benutzt habe, soll nicht bedeuten, daß dieses Buch nur für astrologische Fachleute geschrieben ist. Sicherlich wird es auch diesem Leserkreis Anregungen vermitteln können, doch glaube ich darüber hinaus ganz allgemein, auch den philosophisch Interessierten ansprechen zu können. Auf der Suche nach der Wahrheit bietet sich bei symbolischer Darstellung besonders der Kreis an, wie ich später noch ausführen möchte. Es wäre daher schade gewesen, auf das in Jahrtausenden zum astrologischen Häusersystem (als einem Entwicklungskreismodell) angesammelte ideelle und empirische Wissen zu verzichten, weshalb ich es hier herangezogen habe. Der erste Teil des Buches ist allgemeineren Gedanken zur Evolution sowie den astrologischen Ableitungen gewidmet.
Der zweite und Hauptteil möchte Ihnen zeigen, wie man nur durch sorgsame Betrachtung eines Kreises für sich Lebenswahrheiten »er-finden« kann.
Er ist bewußt fragmentarisch gehalten, um Ihrer eigenen Kreativität möglichst wenige Grenzen zu setzen und somit mehr als Anregung, denn als Vollständigkeit beanspruchende Darstellung zu verstehen. Im dritten Teil schließlich möchte

ich die weitreichenden Konsequenzen darlegen, die eine gründliche Betrachtung der Häuser für andere astrologische Bereiche entfaltet.
Es würde mich sehr freuen, wenn Sie mittels dieses Buches auf (gedanken-)spielerische Art und Weise mehr über das Leben erfahren könnten.

# Einleitung

Alles, was existiert, befindet sich in ständiger Veränderung auf einer Reise durch Raum und Zeit.
Dies beschrieb schon Heraklit mit den einfachen und doch sehr tiefen Worten: »Panta rei«: Alles ist im Fließen.
Es liegt daher nahe, zur Beschreibung des Werdens und Vergehens von Lebendigem eine Raum-Zeit-Gleichung zu verwenden. Freilich würden wir dem Leben dabei nicht gerecht, wenn wir den Begriff der Zeit und des Raumes so einseitig und damit auch vordergründig definieren würden, wie wir das heute gerne – vor allem durch den übermächtigen Einfluß naturwissenschaftlicher Denkweise tun. Durch das für die Naturwissenschaft so wichtige Moment der Quantifizierbarkeit denken wir nämlich bei der Betrachtung des Raumes und vor allem der Zeit primär – fast möchte ich sagen ausschließlich – an quantitative Bestimmungen.
Daß aber Zeit nicht nur quantitativ in Sekunden, Minuten und Stunden gemessen werden kann, sondern auch als Zeitqualität existiert, war beispielsweise noch im alten Griechenland so selbstverständlich, daß wir dort in der Sprache noch zwei verschiedene Begriffe für Zeit finden; nämlich *chronos* für die quantitative Zeit und *kairos* für die Qualität der Zeit mit der Bedeutung: »günstige Stunde«, »günstiger Augenblick«. Der Begriff »Kairos« zeigt uns also, daß Minute nicht gleich Minute ist, sondern verschiedene *Qualitäten* von Zeit (z. B. günstige und weniger günstige) existieren.
Dabei ergibt sich die Qualität der Zeit durch die *Umstände*, also einen noch mit der Zeit gekoppelten Raumbegriff, wie er heute auch wieder teilweise in der Physik, nämlich im Raum-

Zeit-Kontinuum der Quantenphysik verwendet wird. Die heute dagegen üblichere Betrachtungsweise unterscheidet Raum und Zeit als voneinander losgelöste, unverbundene Phänomene, was unserem in Subjekt und Objekt gespaltenen Weltbild der Naturwissenschaft entspricht. Alle divinatorischen Systeme, wie etwa auch die Astrologie, stützen sich dagegen auf die qualitative Zeitbetrachtung, die ihrerseits ihre Grundlage im animistischen (alchemistischen/hermetischen) Weltbild hat.*

So erstellt die Astrologie ein Horoskop (altgriechisch: Stundenschau), um die Zeitqualität des Augenblicks zu untersuchen, in der das Untersuchungsobjekt (Ereignis, Mensch u. a.) eigenständig zu existieren beginnt, wie etwa die Geburt eines Menschen. Die Horoskopgraphik inclusive des uns später näher interessierenden Häusersystems ist also eine Raum-Zeit-Beschreibung, bei der Raum (= »Umstände«) und Zeit auf das astrologische Untersuchungsobjekt bezogen werden.

Diese Beschreibung der räumlichen Umstände ergibt dann die Qualität des Zeitmoments.

Obwohl jeder Augenblick mittels dieser astrologischen Technik qualitativ gemessen werden kann, entscheidet sich die Astrologie bei der Beurteilung ihrer Untersuchungsobjekte für den wohl wichtigsten Augenblick in deren Existenz, nämlich den ihrer Entstehung.

Dem liegt der für die astrologische Betrachtungsweise grundsätzliche Gedanke zugrunde, daß im Entstehungsmoment wie in einer Samenkapsel all das enthalten ist, was sich in der Folgezeit auf seiner Reise durch Raum und Zeit kontinuierlich entfaltet.

Von einem anderen Blickwinkel aus betrachtet, könnte man auch sagen, daß in jedem Augenblick grenzenloses Potential,

* Vgl. dazu ausführlicher: Morris Berman: »Wie die Welt entzaubert wurde«, Vortrag in Goldmann TB Nr. 14016 »Andere Wirklichkeiten« und Dane Rudhyar: »Astrologie der Persönlichkeit« Hugendubel Verlag 1979

die Summe alles Möglichen – quasi göttliche Omnipotenz – enthalten ist.
Die Qualität der Zeit (bestimmt durch die Umstände) wirkt aber wie ein selektierender Filter, der dasjenige, was in diesem Zeitmoment in die Existenz tritt, in seiner Omnipotenz beschränkt und ihm damit eigenen Charakter, eigene Qualität vermittelt.
Vereinfacht ausgedrückt heißt das, daß zu bestimmten Zeiten etwas möglich ist, was zu anderer Zeit nicht geschehen kann, daß Zeitqualität selektiv wirkt und zuläßt, oder aber verhindert. Das so – etwa bei der Geburt eines Menschen – Zugelassene oder Verhinderte ergibt dessen samenartig verkapselte Persönlichkeitsstruktur.
Die Zeitqualität im Entstehungsmoment ist also quasi ein »morphogenetisches Feld«* oder die selektierende Struktur, durch die sich – frei nach Goethe – »geprägte Form, die lebend sich entwickelt«, ergibt.
Die räumlichen Um-Stände, die die Zeitqualität definieren, sind je nach divinatorischem System verschieden, wobei sich die Astrologie aus verschiedenen, wie ich meine guten, Gründen für die »Planeten-Stände«, also die makrokosmische Struktur des Himmels, entschied.

Diese Gründe sind unter anderem:

a) Der Himmel und seine Gestirne sind mit relativ einfachen Mitteln gut beobachtbar.
b) Die Gestirnsbewegungen sind metagnostisch (für die empirische Überprüfung wichtig) und prognostisch berechenbar, da sie exakten Bahnen folgen.
c) Trotz dieses geradezu an ein Himmelsuhrwerk erinnern-

* Vgl. dazu etwa: R. Sheldrake: »Das schöpferische Universum«, München 1983.

den, mechanischen Ablaufs bilden sie immer neue Konstellationen zueinander, die sich auch in Äonen von Jahren nie identisch wiederholen und somit jeden Augenblick in seiner Einzigartigkeit qualitativ neu definieren.
d) Bei den Gestirnen handelt es sich um »Umstände«, die unabhängig von kulturellem und geographischem Kontext, also recht abstrakt betrachtet werden können, so daß empirisches Wissen darüber auch an Angehörige anderer Kulturen vermittelt werden konnte.
e) Die Gestirnspositionen lassen sich auch nicht von solchen, die ein Interesse daran haben könnten, beeinflussen. (Großes Problem in der Forschung ist ja sonst, daß der Wunsch Vater des Gedankens ist und durch wunschgemäße Veränderung von Umständen beliebige, nicht aber wahre Ereignisse erzielt werden können.)
f) Der Himmel war von jeher ein Symbol für das Höhere im Menschen, zu dem er sich, nach Wahrheit suchend, aufrichten möchte.

Die Beschreibung der Zeitumstände mittels der Gestirnspositionen und ihrer Konstellation zueinander muß nun noch individuell genau auf den Ort bezogen werden, wo sich der Mensch (oder ein anderes astrologisch untersuchtes »Objekt«) im entsprechenden Zeitpunkt befindet (z. B. Geburtsort). Denn das die Zeitqualität kennzeichnende Konstellationsmuster der Gestirne ist ja, je nach dem Bezugspunkt, d. h. dem Blickwinkel, aus dem es von der Erde wahrgenommen wird, ein anderes. So wird ein in München geborenes Kind das die Zeitqualität definierende Konstellationsmuster aus einem anderen Blickwinkel erleben, als ein in Los Angeles zum selben Zeitpunkt geborenes Kind.
Die »Um-Stände« sind also für beide noch einmal durch den Geburtsort als Bezugspunkt differenziert. Diese Differenzierung übernimmt in der astrologischen Technik das System

der sogenannten Erdraumhäuser, Erdraumfelder oder kurz: das Häusersystem.
Mit Hilfe des Häusersystems wird also der ganz individuelle Umraum, und damit die individuelle Zeitqualität für das astrologische Untersuchungsobjekt ermittelt.

Aus dem bisher Gesagten geht schon hervor, daß die esoterische Astrologie zu ihrer Begründung nicht etwa auf eine kausale Beeinflussung durch Gestirnswirkungen (wie z. B. Strahlung, Schwerkraft o. ähnliches) angewiesen ist, ohne daß ich diesen Blickwinkel damit als unerlaubt verwerfen würde. Doch kausale Begründungsversuche gehören zum Bereich exoterischer, naturwissenschaftlicher Denkungsart, wie sie dem hermetischen Weltbild fremd ist. Vielmehr geht letzteres davon aus, daß das jeweilige makrokosmische Konstellationsmuster seine mikrokosmische Entsprechung auf der Erde oder im Menschen findet, weil es deren Umraum abbildet. Darauf spielte Paracelsus an, als er davon sprach, daß wir die Planeten in uns tragen, und das meint auch der Volksmund mit dem Sprichwort: »Wie der Herr, so sein Gscherr«, wenn er damit darauf anspielt, daß die Umgebung (die Umstände) ein Abbild dessen ist, den sie umgibt.
Eben diesen Gedanken finden wir auch deutlich in Gleichnissen der Weltreligionen, wenn es dort etwa heißt: »Wenn Brahma ausatmet, läßt er Welten entstehen, wenn Brahma einatmet, wird er wieder zu dem der er ist« (Hinduismus). Im Buddhismus existiert derselbe Satz nur mit dem Unterschied, daß für Brahma Buddha eingesetzt ist. Und im Christentum finden wir die Hinweise, daß Gott den Menschen (Mikrokosmos) nach seinem Abbilde schuf.
Noch kürzer ausgedrückt finden wir diesen Gedanken im Analogiesatz des Hermes Trismegistos, der im Kern lautet: »Wie oben, so unten« und damit auch meint: wie außen, so innen, wie innen, so außen.

Das hermetische Weltbild geht davon aus, daß wir in einem Kosmos, also einer göttlichen Ordnung leben, und sich in einer Ganzheitsordnung eine Veränderung des Gesamtkosmos (analog) in einer Veränderung von Teilen des Kosmos zeigt, und umgekehrt.
Dabei setzt die Korrespondenz zwischen den Teilen und dem Ganzen keine Kausalität voraus, sondern läuft synchron zueinander ab.
Welche Teile des Ganzen dabei in besonders intensiver Korrespondenz stehen, ergibt sich aus ihrer Wesensverwandtschaft. So korrespondiert Wesensverwandtes am Himmel mit dem entsprechenden Wesensverwandten auf der Erde, bzw. im Menschen.
Das macht es möglich, aus einer Konfiguration bestimmter definierter Ur-Bausteine am Himmel auf eine *entsprechende* Konfiguration etwa im Menschen Rückschlüsse zu ziehen, nach dem Motto: Immer dann, wenn »oben«, dann auch entsprechend »unten«.
Die Urbausteine bzw. Urprinzipien (oder: Logoi) am Himmel werden dabei von den Gestirnen (und den anderen in der Astrologie verwendeten astronomischen Gegebenheiten) repräsentiert und uns – unabhängig von dem astrologischen Erfahrungswissen dazu – in sehr plastischer Weise durch den altgriechischen Götterhimmel und andere Mythen illustriert.*
Definiert man dementsprechend mit Hilfe der mythologischen Archetypen (oder aus dem überlieferten astrologischen Erfahrungswissen) den Planeten Mars als hitzig, aggressiv, tatkräftig, kriegerisch etc. und Venus als verführerisch, genießerisch, auswählend etc. und findet astronomisch geozentrisch betrachtet Mars in Opposition zu Venus (vgl. Abb.), so

* Zu den Beziehungen zwischen Mythologie und Astrologie vgl. auch: Liz Greene: »Astrologie und Schicksal«, Hugendubel Verlag 1985.
Vgl. zur bildhaften Erläuterung des analogen Denkmodells auch: Rüdiger Dahlke: »Der Mensch und die Welt sind eins«, Hugendubel Verlag 1987.

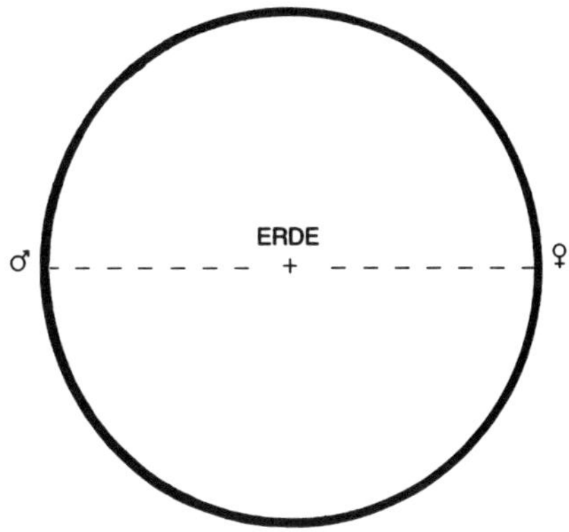


schließt die Astrologie nach dem Analogiesatz: »Wie oben, so unten«, daß für einen zu diesem Zeitpunkt geborenen Menschen eine konstitutionelle Grundspannung zwischen Aktivität (Mars) und Genuß (Venus), Tatkraft (Mars) und Hingabe (Venus) etc. besteht. Denn der Mensch, der sich astronomisch betrachtet in obiger Abbildung im Kreismittelpunkt befindet, wird quasi in die Alternative (Opposition): hier Venus – dort Mars eingespannt. Würde an der Stelle der Venus statt dieser Saturn stehen (vgl. nachstehende Abb.), so empfände das der inmitten dieser beiden Prinzipien positionierte Mensch als in ihm zusammentreffenden Gegensatz von Aktivität (Mars) und Hemmung (Saturn), Impuls (Mars) und Zurückhaltung (Saturn), Aggression (Mars) und Angst (Saturn).

So zeigt die Geometrie dieser »Himmelsmechanik« im makrokosmischen Geschehen eine Zeitqualität auf, die wir im Mikrokosmos Mensch entsprechend wiederfinden können, ganz ohne daß man dazu kausales Beeinflussungsdenken zur Erklärung heranziehen müßte.
Wer diesen für die Denkweise der Astrologie so grundsätzli-

chen Analogiesatz ausführlicher betrachten möchte, sei dazu auf die Lektüre der Bücher: »Schicksal als Chance« von Thorwald Dethlefsen und »Das senkrechte Weltbild« von Nicolaus Klein und Rüdiger Dahlke verwiesen, da es die Zielsetzung dieses Buches sprengen würde, hier darauf näher einzugehen.

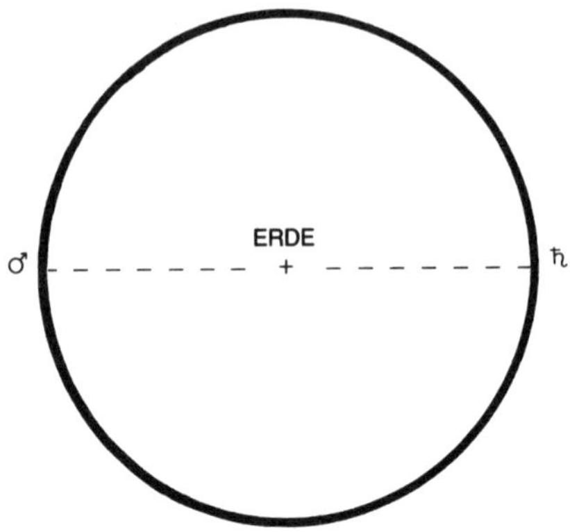

# Teil 1

# Das astrologische Häusersystem

Das astrologische Häusersystem ist, wie erwähnt, diejenige Technik in der Astrologie, welche das »Schauspiel« der Gestirne am Himmel auf den Menschen in seiner Position auf der Erde räumlich bezieht.

Dabei ergeben sich in dem kreisförmigen Umraum um den Menschen auf der Erdoberfläche vier kardinale (Gesichts)Punkte, die vier Kreisquadranten bilden, nämlich:

- der Punkt senkrecht über dem Menschen, der Zenit, dort wo die Sonne am Mittag ihren Höchststand erreicht, ein Symbol für das Aufstreben nach oben, die Zielvorstellung, das Übergeordnete, die Finalität, Berufung etc., astrologisch Himmelsmitte, medium coeli, MC genannt;
- der Punkt senkrecht unter ihm, die Basis, dort wo die mitternächtliche Sonne steht, ein Symbol für die Wiege, Herkunft, das Erliegend-Empfangende, Weibliche, astrologisch die Himmelstiefe, immum coeli, IC genannt;
- der Punkt horizontal rechts vom Menschen, der Sonnenaufgangspunkt, als Symbol für Handlung, Aktivität, Durchsetzung, Ichbezug, astrologisch der Ascendent, AC genannt, und
- der Punkt horizontal links, der Sonnenuntergangspunkt, als Symbol für Denken, Auswahl, Ausgleich, abwägende Passivität, astrologische: der Descendent, DC.

Die Analogien für den Punkt rechts und links vom Menschen ergeben sich aus der archetypischen Symbolik, daß *rechts* männlich, aktiv, durchdringend ist und *links* weiblich, empfangend, auswählend.

Der Umkreis des Menschen wird so durch eine vertikale Linie

(MC-IC), die Verbindung der Himmelsmitte mit der Erdmitte einerseits, und durch eine horizontale Linie (AC-DC), die Verbindung des rechten mit dem linken Horizont andererseits, in vier Quadranten geteilt.

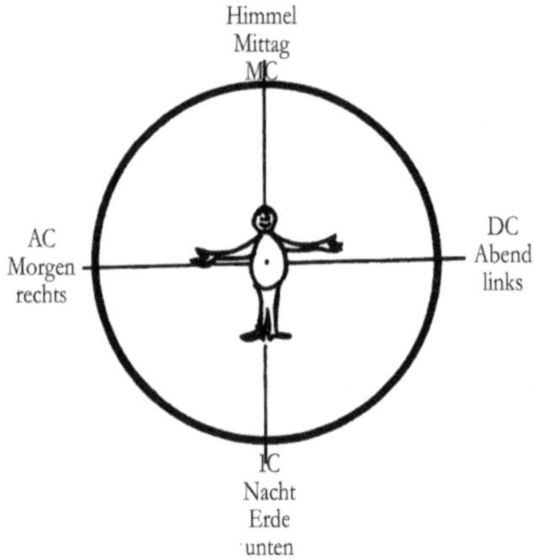


Der erste Quadrant, der AC mit IC verbindet, enthält die Häuser 1 bis 3, der zweite Quadrant (IC bis DC) die Häuser 4 bis 6, der dritte Quadrant (DC bis MC) die Häuser 7 bis 9, der vierte Quadrant (MC bis AC) die Häuser 10 bis 12. Die über dem Horizont liegenden Quadranten III und IV mit ihren Häusern 7-12 sind demnach dem Himmel, dem Außen, dem Oben, dem Beleuchteten und Sichtbaren zugewandt, repräsentieren die »Kopfebene«, die »Öffentlichkeitssphäre«, den oberbewußten Persönlichkeitsanteil oder das »Tagbewußtsein«. Die unter dem Horizont gelegenen Quadranten I und II mit den Häusern 1-6 sind der Erde, dem Innen, dem Unten, dem Dunklen und Fühl- sowie Empfindbaren zugewandt, und sind so Vertreter der »Bauchebene«, der »Privatsphäre«, der unterbewußten Persönlichkeitsanteile oder des »Nachtbewußtseins«.

Die dem Ascendenten zugewandten linken* Quadranten IV und I mit ihren Häusern 10-3 entsprechen männlicher Ichbezogenheit, schwerpunktmäßiger Beschäftigung mit sich selbst, während die dem Descendenten zugewandten Quadranten II und III mit den Häusern 4-9 weibliche Dubezogenheit und aufnahmebereite Hinwendung allem Begegnenden gegenüber beschreiben.

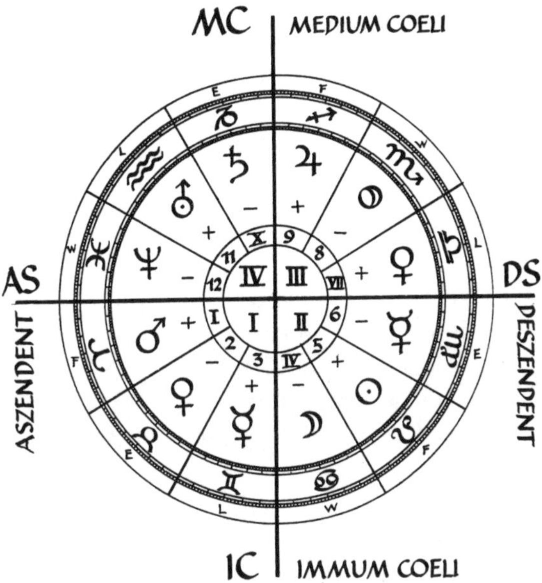


* Es sollte Sie hier nicht verwirren, daß hier von *linken* Quadranten und *männlichen* Qualitäten gesprochen wird. Die Bezeichnung *links* bezieht sich hier auf die Tatsache, daß sich die Quadranten IV und I grafisch auf der linken Seite befinden, und nicht auf die archetypische Bedeutung von »links«. Auf einem Horoskopformular wird nämlich immer die archetypisch männliche rechte Seite grafisch links abgebildet, da wir uns den Menschen im Horoskopkreis so vorstellen, als träte er uns von Angesicht zu Angesicht entgegen. Dadurch kommt uns sein rechter Arm quasi spiegelbildlich auf der linken Seite entgegen. Die linke Horoskophälfte (und damit unsere Quadranten I und IV) ist damit immer ein Abbild der »Qualität Rechts«, nämlich: aktiv, durchdringend, und die rechte Horoskophälfte ein Symbol für die »Qualität Links«, nämlich: weiblich, empfangend etc.

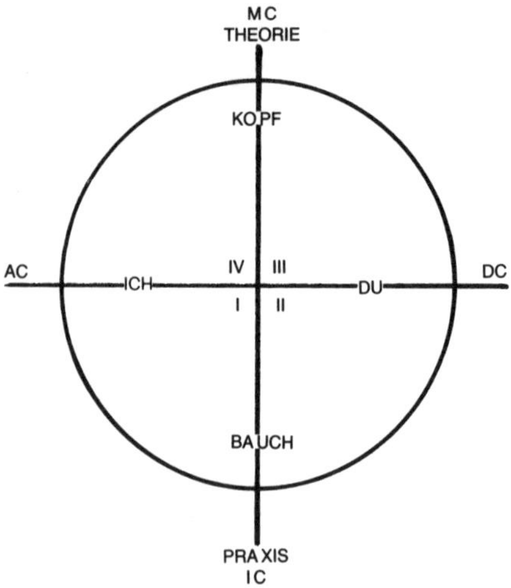


Kombinierend erhält man so die Aussagen:
1. Quadrant: Ich und mein Körper (»Bauch«), Ich privat.
2. Quadrant: Du und mein Körper, Wir – privat.
3. Quadrant: Du und mein Kopf, Wir – öffentlich.
4. Quadrant: Ich und mein Kopf, Ich – öffentlich.

Im gegenläufigen Uhrzeigersinn findet hier eine Entfernung vom persönlichsten Punkt, dem Ascendenten hin zum unpersönlichsten, nämlich dem Ende des IV. Quadranten statt.

1. Quadrant: Ich in meiner Körperlichkeit, mir selbst am nächsten
2. Quadrant: »Es« in mir, Wir, Familie, körpernaher, privater Kontakt
3. Quadrant: Du und die Gedankenwelt, Gemeinschaft, kopfbetonter Kontakt
4. Quadrant: »Überich«, man, Gesellschaft, distanzierter, überpersönlicher Kontakt.

Man könnte den Kreis also auch so beschriften:

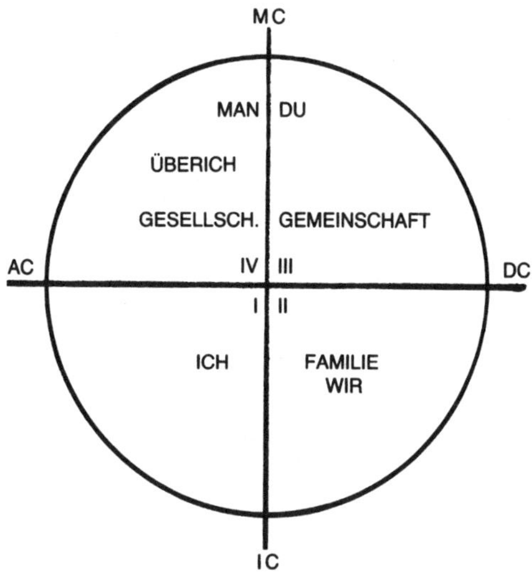


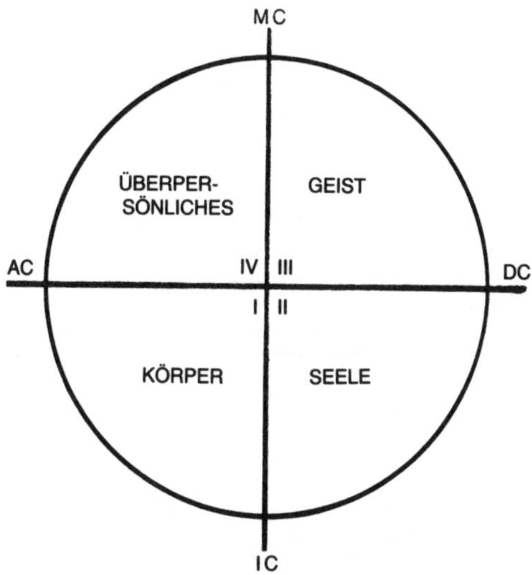

Eine weitere, abstrakte Charakterisierung der Quadranten, wie sie – soweit ersichtlich – vor allem von W. Döbereiner vertreten wird, setzt die vier Quadranten mit den vier grundsätzlichen Ursachen nach Aristoteles in Bezug.

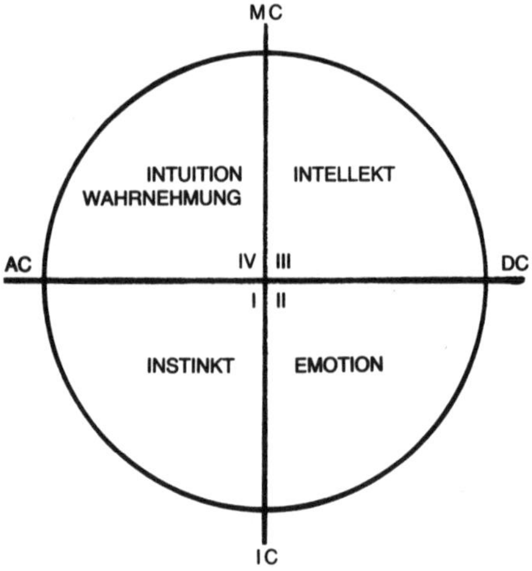


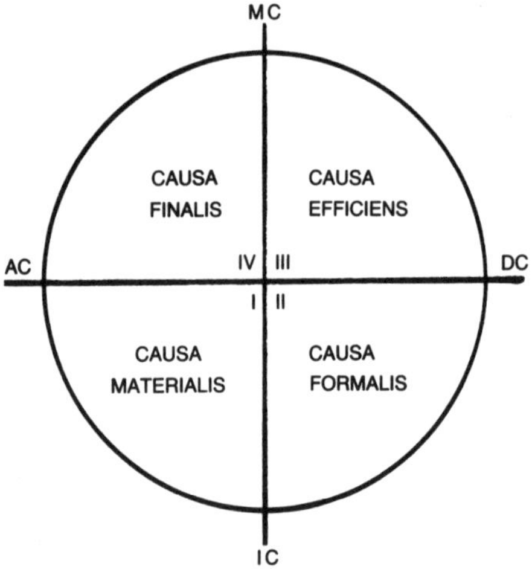

Dabei entspricht der
1. Quadrant der stofflichen Ursache: causa materialis
2. Quadrant der Formursache: causa formalis et exemplaris
3. Quadrant der Wirkursache: causa efficiens, und der
4. Quadrant der Zweckursache oder aus der Absicht geborenen Ursache: causa finalis.

Beispielhaft betrachtet, würde sich demnach

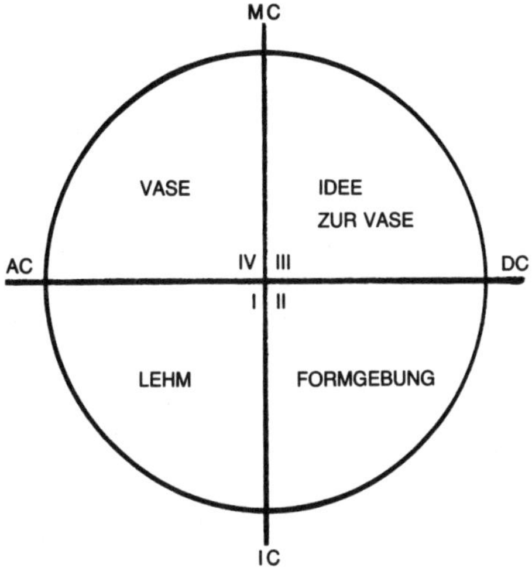


im 1. Quadranten Lehm in seiner Stofflichkeit,
im 3. Quadranten die Idee zur Gestaltung des Lehms (etwa das Bild einer Vase),
im 2. Quadranten die formale Gestaltung des Lehms zur Vase (die Produktion)
im 4. Quadranten das finale Ergebnis, das – durch die Absicht – »Erwirkte«, nämlich die gestaltete Vase als Produkt finden lassen.

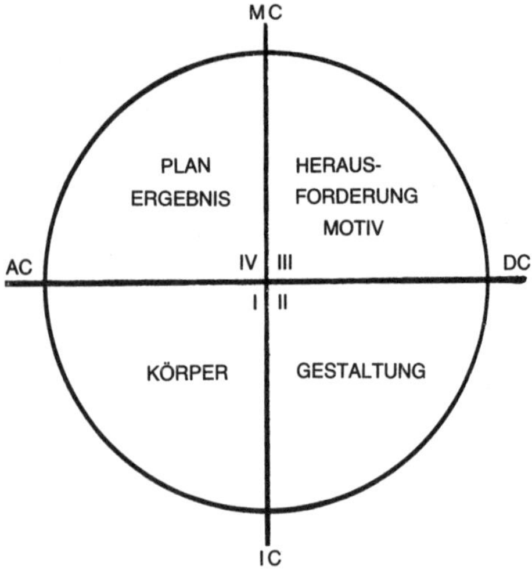


Auf den Menschen bezogen fände sich der Mensch in seiner Körperlichkeit im ersten Quadranten, während ihre die Anregungen und Herausforderungen, die ihn zu gestalterischem Tun motivieren, im 3. Quadranten begegnen, Plan und auch Ergebnis seines Wirkens fänden wir im 4. Quadranten wieder, während seine Fähigkeit zur Formgebung und Produktivität im 2. Quadranten liegen.
Die so durch die Quadrantenlehre gesetzten Akzente finden in den jeweils drei zu einem Quadranten gehörenden Häusern nochmals einen differenzierten Ausdruck, und zwar in der Weise, daß das erste Haus eines Quadranten dessen spezifisches Thema im Grundsätzlichen umreißt, und den ersten, wesentlichen Impuls zu diesem Thema vermittelt (sogenannte kardinale Häuser), während das zweite Haus des betreffenden Quadranten dieses Thema sammelt, verdichtet, fixiert (sogenannte fixe Häuser), und schließlich das dritte Haus im Quadranten das Thema des Quadranten differenziert, verfeinert, relativiert und zum Thema des folgenden Quadranten überleitet (sogenannte labile, veränderliche oder auch fallende Häuser).

So wird die Körperlichkeit *an sich*, bzw. der erste Impuls zur Körperlichkeit/Stofflichkeit durch das 1. Haus (analog Tierkreiszeichen Widder) des Körperquadranten I abgebildet.

**Das 1. Haus** ist der Impuls dazu, aus der Summe aller Möglichkeiten eine herauszugreifen, zu »verstofflichen« und damit zu realisieren. Es entspricht, wie das zugehörige Tierkreiszeichen Widder dem männlichen *Aktivimpuls*, der *Ent-Scheidung* der Ur-kraft des Beginns eines Kreislaufes durch die 12 Häuser.

Der hier gelegene Aszendent ist ja der Osthorizont, der Horizont der aufgehenden Sonne. Die entsprechende Tagesqualität des Morgens versinnbildlicht die am Morgen schlummernden Möglichkeiten, die durch den kardinalen Impuls des ersten Hauses zum Leben erwachen, und sprichwörtlich in die *Tat* umgesetzt werden wollen.
Der Übergang zwischen 12. Haus und 1. Haus meint das Morgengrauen, in dem die Seele aus dem Reich der Träume zurückkehrt und in den *Körper* inkarniert, um ihn als *Werkzeug* Ihrer Sehnsüchte einzusetzen. Die Fülle der Möglichkeiten im Traumreich wird so durch die Stofflichkeit begrenzt und schafft einen nahezu *ziellosen Tatendrang*, da all das Erahnte am liebsten jetzt gleich – unmittelbar – umgesetzt würde. Das vermittelt im 1. Haus eine morgenfrisch-ungestüme *Sturm- und Drang*-Qualität, vergleichbar mit dem Hervorbrechen eines *Triebes* aus der Samenkapsel, der all das im Samen an Potenzen Eingeschlossene schnell und ungeduldig zu verwirklichen trachtet. Das 1. Haus – ein Durchbruch durch alle Widerstände, ein Niederkämpfen all dessen, was sich der Realisation des Gewollten widersetzen sollte. Ein Haus des *Kampfes*, die Heimat des mythologischen Gottes Ares/Mars; und somit die Sphäre, auf die sich Heraklits Satz bezieht: »Der Krieg ist der Vater aller Dinge.«

**Das 2. Haus** (analog Tierkreiszeichen Stier) umschreibt als 2. Haus des 1. Quadranten die *Sammlung*, *Bewahrung* und *Fixierung* der Materie und der Aktion und kann somit als ein *Hort* des Stofflichen, als Stoff- und Kraftfundus betrachtet werden. Zur Fixierung der Energie bedarf es der *Verwurzelung* und damit der *Revierbegründung*. So ist das 2. Haus ein Haus der Bewahrung des Irdischen, der Sammlung, Aufnahme und Assimilation, hat Beharrungstendenz und sucht nicht nur Halt, sondern vermag auch Halt zu geben, etwa wie Wurzelwerk den Boden zusammenhält. Aus dem Gesichtspunkt des *Zusammenhalts* ergibt sich so auch der Begriff der *Gruppe*. Die Verwurzelung hat aber nicht nur die Aufgabe, Halt zu spenden, sondern auch die, den wachsenden Keim mit *Nahrung* zu versorgen, und die nicht sofort gebrauchte Nahrung zu *speichern*.
Wollte man im 1. Haus Jäger- und Nomadentum als 1. Stufe sozialer Lebensform ansiedeln, so entspricht das 2. Haus dem Schritt der Revierbegründung, dem Seßhaftwerden und dem Bestellen der Scholle. Es geht hier um das Zum-Bestand-Machen, um das Verdinglichen und ein daraus resultierendes Empfinden für den *Wert der Substanz*. Der bei der Verwurzelung entstehende taktile Kontakt mit der Materie schafft ein *Gefühl für Form*, den *sinnlichen* Bezug zu Körper und Körperlichkeit. Das gilt auch für den sinnlichen Kontakt bei der Nahrungsaufnahme, weshalb man das 2. Haus als ein Haus mit starkem Bezug zum *Geschmackssinn* – auch im übertragenen Sinne – betrachten darf, herrscht hier doch auch nach alter Überlieferung Venus als Gottheit der Genüsse und des Geschmackes.

**Das 3. Haus** (analog Zwillinge) hat als 3. Haus des I. Quadranten die Aufgabe, dessen Qualitäten zu differenzieren, zu verfeinern, zu relativieren, zu lockern und – beweglich gemacht – zu verteilen sowie zum nächsten II. Quadranten überzuleiten. Die Differenzierung, Lockerung und das Beweglich-Machen

der *Körperlichkeit* (I. Quadrant) meint, den Körper aus seiner seßhaften Ruhe (2. Haus) zu lösen und ihn auf vielfältigste Art und Weise *fortzubewegen.* So ist das 3. Haus ein Haus der Fortbewegungsmöglichkeiten wie Wandern, Radfahren etc., wie uns auch der hier traditionell beheimatete Götterbote Hermes/Merkur illustriert.
Das Beweglich-Machen des Körpers setzt allerlei Verständnis von der *mechanischen Funktion* des Körpers voraus, also quasi physikalisches Verständnis (im Newtonschen Sinne). So kann man das 3. Haus als Haus der Physik der Materie – im Gegensatz zum 2. Haus, in dem sich der materielle Chemismus abbildet, ansehen.
Mit der Fortbewegung entsteht im 3. Haus erstmals das In-Bezug-Setzen, das *Vermitteln*, der *Austausch* und die Möglichkeit zum *Handel.* Darüber hinaus läßt das nun mögliche Verlassen des Reviers und *Erkunden* des Umfeldes *Interesse* und *Neugier* erwachen und auch *Nachrichtenübermittlung* und *Wissenschaft* entstehen. Durch die Vielheit der so erlangten neuen Information bleibt diese zunächst noch recht oberflächlich und ist beliebig relativierbar, da sie quasi noch nicht seelisch »verdaut« ist, was erst im kommenden II. Quadranten erfolgt. Es bleibt im 3. Haus damit zunächst bei einer bloßen *Kenntnis von Sachverhalten.*

Das 1. Haus des II. (seelischen) Quadranten, nämlich **das 4. Haus** (analog Tierkreiszeichen Krebs), beschreibt als kardinales Haus die Seele *an sich* und den ersten Impuls zur seelischen Reaktion. Am IC, dem tiefsten Punkt des Häuserkreises gelegen, ist es Symbol für das *Fundament*, *die Basis*, kann es *als Quelle des Unterbewußten*, quasi als eine Art »*Erdmitte*« im Sinne des japanischen »Hara« betrachtet werden. Es verkörpert die *Ur-Mutter*, das *Ur-Weibliche*, Gebärende und Verschlingende und ist mit dem IC als Mitternachtspunkt *das* Haus des Nachtbewußtseins.

Das 4. Haus hat die Aufgabe, die im 3. Haus zur Kenntnis genommenen Sachverhalte aufzunehmen, sich davon *beeindrucken* zu lassen, sie gleichsam zu »überschlafen« und zu verdauen. So kann es als Ort des Sammelns von Eindrücken angesehen werden, um mit diesen »schwanger zu gehen« und sie »auszutragen« und zu gebären. Das Austragen und Gebären kann als kardinaler Akt der Gestaltung (causa formalis, II. Quadrant) verstanden werden. Andererseits liegt im Austragen auch die Qualität des *Bergens und Behütens*, und im *Mutterschoß* selbst ein Symbol für die *Höhle*, das *Zuhause*, Intimität und Privatsphäre. Dieser urweibliche Bereich ist Gleichnis für Herkunft und *Familie*, aber auch für *periodisches* Werden und Vergehen. Von allen Häusern wird hier am deutlichsten gezeigt, daß die *Natur* alles gibt, aber auch zyklisch wieder nimmt, hier ist alles dem Wechsel unterworfen und damit – trotz der Bedeutung: Fundament instabil und *augenblicksbezogen*. So verkörpert das 4. Haus ein »Leben-für-den-Moment«, ein chamäleon-artiges *Mit*-Machen mit Dem-was-ist und damit oft auch *Abhängigkeit* von der »Natur der Dinge«, den *Launen* des Lebens. (Laune kommt von Luna = lat. Mond, und so verwundert es nicht, daß das 4. Haus traditionell die Heimat der Mondgöttin ist.)

**Das 5. Haus** (analog Löwe) verdichtet und sammelt als fixes Haus des II. Quadranten dessen Qualitäten und kann so als *Zentrum des Seelischen* gelten.
Das gesammelte Gefühl fließt hier gleichsam über und drückt sich als *Herzlichkeit* (Löwe, 5. Haus, und das hier beheimatete Sonnenprinzip wird in der Astromedizin dem Herzen und dem Solarplexus zugeordnet) aus. Es verwundert auch nicht weiter, daß das 5. Haus von alters her als Haus der *Kinder* gilt, ist es doch das Haus, was auf das Haus des Gebärens (4) folgt. Angesammelte Gefühle können sich aber auch als *Selbstgefühl* äußern, als Gefühl: »Ich bin das – das bin ich«, als

»Ich bin, der ich bin«, als: TAT TVAM ASI oder: SO HAM der »sonnenhaften Gottessöhne«. Als Zentrum des II. Quadranten ist das 5. Haus das Zentrum der *Kreativität, Gestaltung, Schöpfung,* ein Haus des *Auftretens* und der *Ausstrahlung.* Als 2. Haus des II. Quadranten sammelt das 5. Haus »Beeindruckbarkeit«, zieht sie auf sich, »sonnt sich« gleichsam im Zentrum der Beachtung. Es ist ein Haus der *Geltung*, der *Macht.* Ähnlich dem 4. Haus ist auch das 5. Haus sehr augenblicksnahe und *situationsbezogen.* Diese Nähe zum Moment verleiht dem Klima des 5. Hauses *Lebendigkeit* und *Verspieltheit* sowie mangels einer Auseinandersetzung mit Zukünftigem (das Antipodenhaus 11 hat hier seinen Schwerpunkt) *Risikofreude.* Als zentrales Haus des Gestaltungsquadranten II beinhaltet das 5. Haus die Freude am Produktiv-Sein und als speziellen Ausdruck davon die Freude an dem *Spiel der Sexualität.*

**Das 6. Haus** (analog Jungfrau) hat als fallendes (3.) Haus des II. Quadranten die Aufgabe, dessen Thematik zu differenzieren, zu relativieren, der Umgebung funktional anzupassen und zum Thema des Folgequadranten überzuleiten. Hier finden wir deshalb den *differenzierten, formalisierten Ausdruck der Seele* und deren funktionale Anpassung an die Umweltsituation.

So entsteht im 6. Haus eine dem vorangegangenen (fixen) 5. Haus unbekannte *Ängstlichkeit*, seelisch inadäquat zu reagieren, die durch sorgsame bis *penible Beobachtung des Umfeldes* und entsprechende durch die Vernunft diktierte Anpassung der Seele an die Situation vermieden werden soll.

Als Überleitungshaus zum nächsten III. Quadranten, mit dem die Konfrontation mit dem Du einsetzt, muß das 6. Haus eine Vermittlungs- und Aussteuerungsfunktion zwischen größtem Selbstgefühl und persönlichem Machtempfinden (5. Haus) und der partnerschaftlichen Herausforderung zum

Kompromiß und Ausgleich der Ansprüche (7. Haus) übernehmen. Es wird so zum Haus der als notwendig erlebten Anpassung an die Bedürfnisse des anderen, zum Haus des *Dienens*, *persönlicher* Verpflichtungsgefühle (im Gegensatz zu dem unpersönlichen Verpflichtungsdenken des 10. Hauses) und *zweckmäßigen Verhaltens*. Hier entfalten sich – so widersprüchlich das klingen mag – sowohl besorgt-achtsames Eingehen auf den anderen (als Ausdruck der Überleitung zum Du des III. Quadranten) als auch *opportunistisches Nutz- und Zweckdenken* (als Ausdruck der Bewahrung der eigenen Vitalität). Traditionell beherrscht der kluge, vernünftig-listige Halbgott Hermes/Merkur diese *Sphäre der Arbeit* (im Sinne des Broterwerbs) und der Vermittlung zwischen Ich und Du. Bei Anpassungsproblemen kann das 6. Haus auch zum Haus *gesundheitlicher Störungen* werden, und zwar vor allem im Sinne psychosomatischer Reaktionen. Denn das 6. Haus hat ja – wie auch das ihm gegenüberliegende 12. Haus – die Aufgabe, zwischen Unterbewußtem (I. und II. Quadrant) und Oberbewußtem (III. und IV. Quadrant) zu vermitteln. Hier berühren sich also Praxis (unter AC/DC) und Theorie (über AC/DC), »Bauch« und »Kopf«, »irdische« und »himmlische« Gesetze. Konflikte an der Grenzlinie dieser Bereiche werden im 6. Haus gerne als Versuch des Körpers, den Konflikt psychosomatisch auszuregulieren, erlebt.
Mit den ersten beiden Quadranten und den Häusern 1-6 ist der Schwerpunkt der *persönlichen, individuellen* Entwicklung abgeschlossen.
Nicht nur Physis (I. Quadrant) und Psyche (II. Quadrant) wurden hier erfahren, sondern auch die Entfaltung der Eigenheit vom noch rauhbeinigen ersten Impuls zum Handeln (1. Haus) bis zum vernunftgesteuerten, differenzierten seelischen Ausdruck des 6. Hauses, von der Entdeckung des Ich (I. Quadrant) bis zum Erspüren der näheren Umgebung (»Familie«, II. Quadrant). Nun aber warten mit der 2. Hälfte des

Häuserkreises all die Erfahrungen, die mit *kollektiver* Entwicklung, mit der Einbindung des Individuums in größere Gruppen oder, noch allgemeiner gesprochen, in größere Zusammenhänge zu tun haben.

**Mit dem 7. Haus** (analog Waage) als kardinalem (1.) Haus des III. Quadranten entsteht der Impuls zur Auseinandersetzung mit alldem, was uns *begegnet*, damit auch der erste Impuls zur *Objektivität* im Gegensatz zur Subjektivität aszendentennaher Häuser. So liegen in der Sphäre des 7. Hauses all die Dinge, die *mit Anregung und Motivation von außen*, mit geistigem *Abwägen und Auswählen,* mit *Partnerschaft* und *Balance* zu tun haben.
Das 7. Haus ist das das Individuum ergänzende, ist der Anteil von uns, den wir im Spiegel draußen sehen, den wir auf unsere Umwelt projizieren. Es verkörpert die Sehnsucht nach *Ergänzung*, nach *Ausgewogenheit und Harmonie*, weshalb nicht verwundert, daß hier traditionell die Heimat der Liebesgöttin Venus ist.
Es ist das Haus der *Ästhetik*, der *Schönheit*, *der Kunst*. Die hier mögliche Ergänzung durch das Du kann ein Gefühl des *Friedens* vermitteln, aber auch die Reibung der Gegensätze einleiten, die erst noch ausgeglichen werden wollen.
Hier liegt der Start ins Reich der Theorien und Ideen und damit auch die Gefahr zur Praxisfremdheit, besonders dort, wo die Praxis Ent-Scheidung, Mut und Kampfbereitschaft verlangt (Antipode 1. Haus), und hat so eine Tendenz zur Handlungs- und Entscheidungsschwäche.
Es symbolisiert – am Descendenten gelegen – den Horizont des Sonnenuntergangs mit seinem *malerischen* Farbenspiel und schrägen, *modellierenden* Licht vorabendlicher Stimmung, ähnlich der Stimmung, wenn die Sonne durch das dem 7. Haus entsprechende Tierkreiszeichen Waage läuft und durch das schräge Oktoberlicht gefärbte Blätter *tanzen*.

**Das 8. Haus** (analog Skorpion) als 2. Haus des III. Quadranten verdichtet, sammelt und fixiert wiederum die vom 7. Haus eingeleiteten Quadrantenqualitäten.
Der Impuls zur Auseinandersetzung mit dem geistigen (7. Haus) wird hier also quasi zur »*fixen Idee*«, zum »*Leitbild*«, zur *geistigen Modellvorstellung*.
Im partnerschaftlichen Bereich finden im 8. Haus die feste Bindung an den Partner, die »fixe« Partnerschaft, Besitzansprüche an den Partner ihren Ausdruck.
Andererseits hat das 8. Haus als Oppositionshaus zum 2. Haus die Bedeutung: *Ausscheidung* von Materie, also im Gegensatz zu der »oralen« Qualität des 2. Hauses »*anale*« *Qualität*. Es umschreibt somit den materiellen *Tod*, hat aber andererseits auch die kontrastierende Aufgabe, die Voraussetzung für neues Leben zu schaffen. Sind doch abgestorbene, von Bakterien zersetzte Materienreste ein nährstoffreicher Dung/Humus. Diese *Extremqualitäten* von Tod und Leben, von Abschied und Vorbereitung auf Neues finden körperlichen Ausdruck auch in dem dem 8. Haus (bzw. dem Tierkreiszeichen Skorpion) in der Astromedizin zugeordneten Urogenitaltrakt, einer Körperregion, in der die für die Ausscheidung von »Totem« zuständigen Organe unmittelbar neben den *Reproduktionsorganen* liegen. So leuchtet uns die klassisch überlieferte Bedeutung des 8. Hauses als Todeshaus ebenso ein wie die Umschreibung: »*Stirb und Werde*« oder »Phönix aus der Asche«.

**Das 9. Haus** (analog Schütze) als 3. Haus des III. Quadranten hat wiederum die Aufgabe, die Belange des III. Quadranten beweglich zu machen und auf das Umfeld zu beziehen. So können *geistiger Weitblick* und Toleranz sowie der die *Verteilung von Ideen* charakterisierende Begriff »*Sendungsbewußtsein*« als Qualitäten des 9. Hauses gelten. Im Gegensatz zu dem funktional begrifflichen 3. Haus (Antipode zu 9. Haus)

liegt im 9. Haus *Bedeutung* und daraus entspringende *Wertung*. So ist hier auch W: Heimat von Ethos, Ethik und – dem Himmel (MC) schon so nahe – von Religion. Das 9. Haus hat als drittes seines Quadranten ja auch die Aufgabe, zur Qualität des nächsten Quadranten hinzuführen und überzuleiten.
Im 9. Haus liegt demnach die Hinführung zum »Überpersönlichen« (4. Quadrant) oder auch den trivialeren Entsprechungen des IV. Quadranten wie etwa »Gesellschaft«. In ersterem liegt die Qualität des 9. Hauses als Haus der *Religion und Mission* begründet, in letzterem die zum 9. Haus passenden Begriffe: »Werbung« oder »Duft der großen weiten Welt«.

**Das 10. Haus** (analog Steinbock) vermittelt als 1. Haus des IV. Quadranten den *kardinalen* Impuls zum Unpersönlichen und Überpersönlichen. Es ragt gewissermaßen in die Klarheit und Kälte des Himmels hinauf, beschreibt damit das »Nach-oben-Kommen«, das Aufstreben, das »Sich-nach-dem-Richten«, was oben ist. Es ist ein Symbol für das Sich-Aufrichten, das »durchgedrückte Rückgrat«, für ein starkes hierarchisches Empfinden, für Ehrgeiz und Erfolgsstreben. Hier herrschen überpersönliche Gesetze, das »man tut« oder »man tut nicht«. Die einmal erreichte Höhe des 10. Hauses vermittelt die *Klarheit* des Blickes vom Gipfel, aber auch die klirrende Kälte der »Einsamkeit der Bergwelt«, die jede Gefühlsregung (Antipode 4. Haus) erstarren läßt. *Arbeit* und *Anstrengung* des Wegs nach oben machen sich durch die *Erhabenheit* und Ruhe dieser Gipfelregion bezahlt. Allerdings herrscht hier auch die *Angst* vor dem *Abstieg* oder *Absturz*, was dazu verführt, sich an *Grundsätzlichem* festzuklammern. In diesen Höhen wird die Natur (und auch Natürlichkeit) oft als bedrohlich empfunden, was zum Verschanzen hinter Bollwerken aus Stein (analog: Prinzipien und Kategorien) führen kann, etwa so, wie es für den in einsamer gesellschaftlicher Gipfelposition Befindlichen bedrohlich oder ein »faux pas« sein kann, sich zu persönlich bzw. natürlich zu zeigen.

**Das 11. Haus** (analog Wassermann) hat als 2. Haus des IV. Quadranten die Aufgabe, die erreichte Höhe, die Himmelsnähe zu komprimieren, zu verdichten, zu *fixieren*, quasi den »Himmel einzusammeln«. Dieses Unterfangen hat etwas Utopisches an sich, und so mag das 11. Haus als Haus des »*Surrealen*« gelten. Die Verdichtung des schon im 10. Haus zum Prinzip Geschrumpften führt hin zur *Qualität der Karikatur*, die einerseits die aus der lichten Höhe der Vogelflugperspektive gewonnene Klarheit bewahrt, andererseits durch die Distanz zum lebendigvitalen Leben (Antipode 5. Haus) zur verzerrenden Abstraktion werden kann. Es wird so nur das *Besondere* hervorgehoben, die *Originalität*. Hier, noch über der Gipfelregion des 10. Hauses, abgehoben in den Lüften, herrschen die unberechenbaren Gesetze des Himmels. »*Brainstorming*« und *Geistesblitze* haben hier ihr Zuhause wie auch konkrete Stürme und Wetterleuchten – das ganze Landschaften aus dem Dunkel auftauchen läßt. Der Versuch, erreichte gesellschaftliche Höhen zu bewahren, kann hier zu sich *verbrüdernden* Interessengemeinschaften ebenso führen wie zur Karikatur degenerierten, lebensarmen (Gegensatz 5. Haus) Adels oder schrulligen Wissenschaftlertums à la »zerstreuter Professor«.
Andererseits kann das Verlassen des festen Bodens und Abheben in luftige Höhen im 11. Haus auch das Sich-Absetzen von Maßstäben des Materiellen (10. Haus) und den Stufenleitern gesellschaftlicher Hierarchien (10. Haus) und damit *revolutionäre Züge* beinhalten.

**Das 12. Haus** (analog Fische) differenziert, verfeinert und relativiert als 3. Haus des IV. Quadranten dessen Grundqualitäten. Die lösende Charakteristik aller sogenannten fallen-

den (veränderlichen, labilen) Häuser zeigt sich hier besonders deutlich, da mit dem 12. Haus eine Kreisumdrehung vollendet ist und damit eine Loslösung nicht nur von der Thematik des IV. Quadranten, sondern letztlich vom ganzen zurückliegenden Häuserkreis stattfindet. So verkörpert das 12. Haus eine Art »Endzeitstimmung«, ein »Verwehen«.
Dies gilt um so mehr deshalb, weil es sich ja noch über das ohnehin schon surreale 11. Haus hinausbewegt (vgl. zur spiralförmigen Evolution ausführlicher das nächste Kapitel). Was aber sollte nach dem Himmel (11. Haus: hier herrscht Uranos, was altgriechisch übersetzt Himmel bedeutet) noch kommen.
Die extreme Verfeinerung und Relativierung des IV. Quadrantenthemas: Grenze, Kategorie (initiiert durch das 10. Haus) führt im 12. Haus zur *Grenzauflösung*. Im gesellschaftlichen Bereich kann so *soziales Mitgefühl*, Mitleid und Humanismus entstehen, ein Erahnen dessen, was hinter dem gesellschaftlichen Format, der (Ver-)Kleidung und Maske an *allgemein Menschlichem* oder noch weiter: allgemein Kreatürlichem verborgen ist. Die Grenzauflösung kann, philosophisch betrachtet, aber auch zur Auflösung der Dualität von Subjekt und Objekt führen und damit zu einem Aufgehen in der Schöpfung mit dem Empfinden: »Ich bin in allem, alles ist in mir.« Ein Loslösen von Halt bietenden Kategorien und Prinzipien macht aber auch *labil* und anfällig für *Täuschung* und *Illusion*, so sehr es *Phantasie* und *Eingebung* begünstigen mag.
So bleibt dem in der Qualität des 12. Hauses befindlichen Menschen oft nichts anderes, als *Hingabe* an das Numinose, Transzendente, als ein *Sich-Ausliefern* an den unbegreifbaren Strom des Lebens. Hier im 12. Haus ist nichts berechenbar (Antipode zum 6. Haus), ist das *Reich des Potentiellen*. Alles ist möglich, (noch) nichts realisiert.
Die Realisierung einer dieser unendlichen Möglichkeiten des

12. Hauses geschieht erst mit dem Eintritt in einen neuen Zyklus, dem ersten Impuls zur Stofflichkeit, dem Impuls zur Initiative, zur Tat, dem auf das 12. Haus folgenden 1. Haus (analog Widder).

## Das Häusermandala als Abbild eines archetypischen Entwicklungszyklus

Die so entstehenden 12 Häuser stehen in einem inneren logischen Zusammenhang, und zwar sowohl aus dem Blickwinkel der gegensätzlichen Ergänzung zweier im Häuserkreis gegenüberliegender Häuser als auch in der logischen Aufeinanderfolge der Häuser von eins bis zwölf.

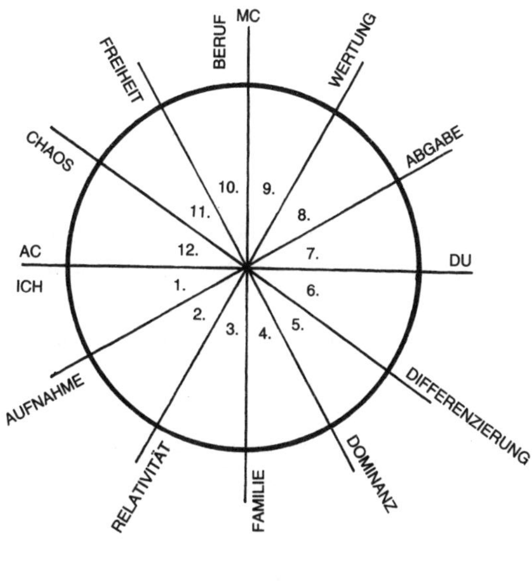


Die Gegensatzergänzung zeigt den Menschen im Spannungsfeld zwischen:

| | |
|---|---|
| 1. Haus: Ich | und 7. Haus: Du |
| 2. Haus: Aufnahme | und 8. Haus: Abgabe/Ausscheidung |
| 3. Haus: Relativität | und 9. Haus: Wertung |
| 4. Haus: Familie | und 10. Haus: Beruf |
| 5. Haus: Dominanz | und 11. Haus: Freiheit/Gleichheit |
| 6. Haus: Differenzierung | und 12. Haus: Unterscheidungslosigkeit, Chaos |

Die beiden sich ergänzenden und bedingenden Pole können dabei auch unter dem Gesichtspunkt einer gemeinsamen Achsenbedeutung betrachtet werden, so daß man etwa die

Achse 1. Haus/ 7. Haus als Begegnungsachse oder Ortsachse,
Achse 2. Haus/ 8. Haus als Besitzachse,
Achse 3. Haus/ 9. Haus als Beziehungs-, Wissens- oder Reiseachse,
Achse 4. Haus/10. Haus als Individuations- oder Zeitachse,
Achse 5. Haus/11. Haus als Kreativitäts- oder Strahlungsachse,
Achse 6. Haus/12. Haus als Wahrnehmungs- oder Anpassungsachse bezeichnen könnte.

Die logische Aufeinanderfolge in der Kreisentwicklung von 1 bis 12 könnte man mit kurzen Stichworten zusammengefaßt folgendermaßen charakterisieren.

1. Neubeginn, Start – 2. Nahrungsaufnahme und Reviersicherung – 3. Wißbegierige Orientierung im nahen Umfeld – 4. Entsprechende seelische Eindruckssammlung – 5. Seelischer Ausdruck (Emotion und Auftreten) – 6. Vorsichtige Beobachtung der darauffolgenden Reaktionen und entsprechende zweckmäßige Anpassung – 7. Kontaktaufnahme und

Begegnung mit der Umwelt – 8. Verdichtung der aus der Begegnung gewonnenen Idee zum Leitbild – 9. Missionarisch expansives Verkünden dieser Leitbilder – 10. Erarbeiten allgemeinverbindlicher Normen (Bildung gesellschaftlicher Strukturen) – 11. Befreiung vom normativen Druck gesellschaftlicher Gesetze durch revolutionäre Ideen – 12. Aufgehen in humanistischen Idealen, Transzendenz, Nachempfinden all der im vorangegangenen Kreislauf erfahrenen Möglichkeiten – 1. Herausgreifen einer dieser Möglichkeiten zum Neubeginn eines Kreislaufes.
Die natürliche Logik dieser Entwicklungsabfolge können wir in Mitteleuropa sehr schön am Naturgeschehen in der Jahreszeitenabfolge beobachten.

**I. Quadrant: Frühling**

1. Aufspringen des Keimes, Durchbohren der Keimschale, Durchbruch durch die hindernde Umgebung dem Licht entgegen (der sich durch den Asphalt bohrende Trieb).
2. Entfaltung der Wurzel, um Halt zu finden im Untergrund. Besitzergreifung der Umgebung und Nahrungsaufnahme durch die Wurzel, um weiterwachsen zu können.
3. Verzweigung und Verästelung, Blattbildung und damit Erschließung des luftigen Umraumes (»Auskundschaften« der näheren Umgebung); Assimilation und Austausch mit der Umwelt durch das »Atmen« der Pflanze im Blattbereich. Erste Ausbildungen im Blütenbereich.

**II. Quadrant: Sommer**

4. Empfängniszeit im Krebshaus. Schwangergehen der Pflanze mit der Frucht.
5. Flora und Fauna im Höhepunkt ihrer Entfaltung. Manche Pflanzen zeigen sich prächtig durch voll entfaltete Blüten, andere schon durch wuchtige Früchte. Zeugen und Vorzeigen der »Kinder«.

6. Letzte Feinverästelungen. Flora und Fauna bekommen »den letzten Schliff, die letzte Differenzierung. Beginn der Erntezeit und damit »Verwertung«. Aus der Sicht der Pflanze vorsichtige Vorbereitung – sparsames Haushalten mit den Kräften – auf die kühle Jahreshälfte.

**III. Quadrant: Herbst**
7. Ästhetisch bunter Beginn des äußeren Absterbens der Natur. Malerisch farbiges Herbstlaub.
8. Novemberstimmung. Absterben, Zerfall der organischen Substanz. Modriger Altweibersommer. Nachinnenkehr der Natur.
9. Letzte Betriebsamkeit in der Natur vor dem Einbruch des Winters (nicht nur im menschlichen Vorweihnachtsrummel).

**IV. Quadrant: Winter**
10. Entlaubte, zum »Skelett« reduzierte Flora. Alle Lebenskräfte ziehen sich unter die eiskalte Oberfläche zurück. Nichts Lebendiges ist mehr im Sichtbaren.
11. Das Licht beginnt zu wachsen. In der eisigen Winterluft bricht sich das Sonnenlicht in den Eiskristallen. Faschingszeit. Konfetti im künstlichen Licht von Zirkuszelten. Eisblumen am Fenster.
12. Tauwetter. Alles von Feuchtigkeit durchdrungen, grau in grau. Konturen verschwimmen. Im feuchten Nichts quellen die Samen.
1. Ein neuer Zyklus beginnt: Aufbrechen der Samen...

Anhand dieses sprichwörtlich natürlichen, archetypischen, zyklischen Entwicklungsmusters können wir auch ganz konkrete Hinweise dafür finden, wie ein alltäglicher Prozeß etwa vom ersten Impuls, etwas zu tun, bis hin zum Ergebnis organisch und natürlich ablaufen sollte. Auch hierzu ein kurzes Beispiel:

1. Haus (= 1. Schritt): Aufkommen eines spontanen Impulses zu handeln/zu tun – ein noch undifferenziertes: »Ich will.«
2. Erst einmal setzen lassen, zur Ruhe kommen. Motto: »Trinke erst mal eine Tasse Tee.«
3. Alles Überdenken, Möglichkeiten erkunden, mit anderen darüber reden, Informationen sammeln – vergleichen.
4. Eine Nacht darüber schlafen, alle gesammelten Informationen seelisch verdauen, in sich spüren, auf Gefühle achten.
5. Sich ein Herz fassen und mit Mut zum Risiko mit der Schöpfung/Produktion beginnen. Sich zum eigenen Willen bekennen und damit nach außen treten.
6. Die Anpassungskrise erleben. Das eigene Projekt wird hier mit den Fakten der vorgegebenen Umwelt konfrontiert und muß sich nach exakter Beobachtung der Umweltsituation den Gegebenheiten vernünftig/zweckmäßig anpassen. Konfrontation mit dem »Teufel im Detail«.
7. Kompromißfähigkeit in der Begegnung mit anderen. Anregungen von anderen. Einbindung des eigenen Projektes in die Gemeinschaft mit anderen. Erkennen der Alternative zum eigenen Vorgehen und der Einseitigkeiten des eigenen Projektes. Daraus Balance und Entscheidungskonflikt, ob das Projekt weiterbetrieben werden soll/kann.
8. Zweite Krise: Hier stirbt das Projekt entweder, wird unter dem Eindruck der Umweltsituation als undurchführbar aufgegeben oder mittels einer manchmal gewaltsam anmutenden Selbstüberwindung weitergeführt. »Geburtswehen«; Stirb und Werde. Soll ich, oder soll ich nicht? Aufgeben oder Weitermachen? Etwas grundsätzlich verändern? Sich durchringen!
9. Die Entscheidung ist gefallen! Mit »Feuer und Flamme« Optimismus und Vertrauen weiterentwickeln. Euphorie, schon ganz nahe am Ziel.
10. Das Ergebnis konkretisiert sich. Bilanz: Das Erwirkte muß sich am Prüfstein der Realität, der harten Tatsachen messen lassen und bewähren. Die hier gesammelte Erfahrung

verdichtet sich zum Plan, es das nächste Mal noch richtiger zu machen. Allgemeingültige Kriterien dafür werden erarbeitet.
11. Sich frei machen vom Ergebnis, vorn Alten. Nicht mehr nach hinten, sondern in die Zukunft schauen. Neue Ideen. »Brainstorming«. Tausend Einfälle, noch anderes zu schöpfen.
12. Über all dem meditieren. Sich zurückziehen. In sich gehen. Alle Möglichkeiten brachliegen lassen. Schöpferische Pause. Letzte Loslösung vom Vorangegangenen. Die Ruhe vor dem Sturm des Neubeginns.
1. Der Impuls, eine der Möglichkeiten herauszugreifen. Beginn eines neuen Zyklus.

Das in diesen Betrachtungsweisen zum Ausdruck kommende zyklische Geschehen ist ganz allgemein ein Merkmal der lebendigen Natur. Es ist oft nicht ganz einfach für den linear denkenden Verstand, zyklisches Geschehen mit seinen vermeintlichen Widersprüchen – seiner (archetypisch) »weiblichen Logik« verstehen zu können. Eine Erkenntnis aus dem Bereich der Physik mag uns dabei helfen. Dort entdeckte man die Paradoxie, daß eine *Gerade* sich bei Verlängerung ins Unendliche zu *krümmen* beginnt (sogen. Krümmung des Raumes).
Auf kurze Distanz – eben entsprechend kurzsichtig! – erscheint uns eine gerade/ebene Fläche, wie etwa ein Flugplatz gerade zu sein. Verlängern wir die Landefläche des Flugplatzes ins Unendliche, so beginnt sie sich mit der Erdoberfläche zu krümmen und tendiert von der Geraden zum Kreis, von der Fläche zur Kugel.
Auch bei der Betrachtung der Zeit machen wir ähnliche Erfahrungen. So erscheint uns die Zeitachse geradlinig von Vergangenheit über Gegenwart nach der Zukunft hin zu verlaufen (vgl. Abb.).

Vergangenheit → Gegenwart → Zukunft

Betrachten wir Zeit dagegen über sehr große Zeiträume hinweg und primär unter dem Aspekt der Zeitqualität, so können wir auch hier viel mehr von einem zyklischen Geschehen sprechen. Die Zeitachse beginnt sich dann ähnlich der Raumkoordinate zu krümmen und läßt so einen Zeitkreis, wie wir ihn etwa im Jahreskreis des Tierkreiszyklus oder im Tageskreis von der Zeitqualität »morgens« über »mittags« nach »nachmittags« und »abends« hin bis zum neuen Zyklusbeginn »morgens« verfolgen können (vgl. Abb.).

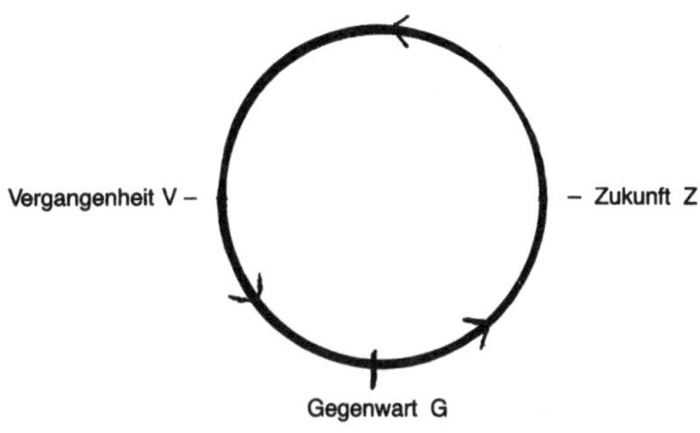


Auch in obiger Abbildung liegt die Gegenwart G zwischen Vergangenheit V und Zukunft Z. Gehen wir aber auf dem Zeitkreis noch weit hinter Vergangenheit V zurück, so erreichen wir paradoxerweise die Zukunft Z. Zukunft Z scheint danach also unsere fern zurückliegende Vergangenheit zu sein. Nach diesem Denkmodell könnten wir also nichts anderes in Erfahrung bringen als unsere eigene Vergangenheit. Da uns andererseits aber gerade die Astrologie zeigt, daß es keine zwei identischen Zeitqualitäten gibt (über Tausende von Jahren hinweg, alle 10 Minuten ein Horoskop zeichnend, wird es keine identischen, allenfalls ähnliche Horoskope geben), scheint das Kreismodell als Erklärungsmodell für Zeitentwicklung nicht exakt genug. Wir müssen also auch nicht befürchten, wie ein Hamster in seinem Tretrad auf einen Zeitkreis weitertretend, immer wieder identische, schon bekannte Vergangenheitserlebnisse zu wiederholen, so sehr wir auch im Alltag feststellen mögen, daß wir in vergleichbaren Problemsituationen oft sehr ähnliche Fehler begehen oder ähnliche Reaktionsmuster ablaufen lassen. Vielmehr gibt uns die Zeit die Gelegenheit, aus Fehlern zu lernen und bei der nächsten Kreisumdrehung schließlich etwas richtiger (d. h. bewußter) auf die uns gestellte Aufgabe zu reagieren. Exakter als der Kreis illustriert die Spirale demnach, wie wir – immer wieder mit ähnlichen Zeitqualitäten konfrontiert – uns langsam der wahren Mitte nähern (Abb. A). Diese Erkenntnis ist insofern wichtig, als wir daran ablesen können, daß es ganz offenbar verschiedene Entwicklungshöhen innerhalb ein und desselben Hauses (bzw. analog Tierkreiszeichens) gibt.

Ein Mensch, der in diesem Zeitkreis unterwegs ist, wird sich in der ersten Kreisumdrehung durch die Häuser 1-12 noch sprichwörtlich mehr an der Peripherie, noch recht in »Äußerlichem« bewegen, mit jeder weiteren Umdrehung in der Zeitspirale aber dem Kern, der Mitte der Dinge näher kommen.

Abb. A

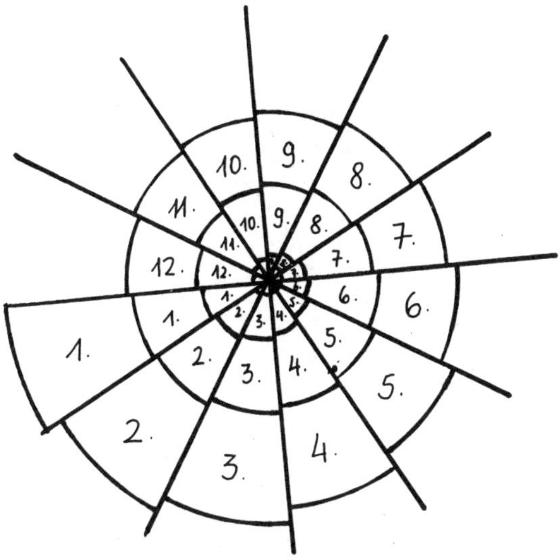


Noch deutlicher wird dieses Denkmodell dann, wenn wir es uns nicht zwei–, sondern dreidimensional vorstellen. Es entsteht dann eine Zeitspirale, die sich wie eine Wendeltreppe quasi von niederen Entwicklungsebenen zu höheren emporschraubt (vgl. Abb. B).

Mit Hilfe dieser Vorstellung wird nun verständlich, warum sich innerhalb eines Hauses qualitativ so unterschiedliche Merkmale wie Initiativkraft und Zorn (am Beispiel des 1. Hauses) oder etwa Toleranz und Arroganz (am Beispiel des 9. Hauses) finden lassen.

Abb. B

Beginnt der Mensch mit seiner Reise durch die Zeit(-spirale), wird er bei der ersten Kreisumdrehung auf niedriger Entwicklungsstufe die unerlösten Häuserqualitäten, wie etwa:

1. Haus: Zorn,
2. Haus: Gier,
3. Haus: Unwissenheit,
4. Haus: Launenhaftigkeit,
5. Haus: Machtgehabe,
6. Haus: opportunistisch-ängstliche Kriecherei,
7. Haus: Entscheidungsschwäche,
8. Haus: sadistische und masochistische Quälerei,
9. Haus: großspurige Arroganz,
10. Haus: kalter Ehrgeiz,
11. Haus: sprunghafter Freiheitswahn und
12. Haus: chaotischer Illusionismus, durchleben.

Durch entsprechend leidvolle Erfahrungen geläutert, wird er bei der zweiten Kreisumdrehung die Häuser schon auf geringfügig erlösterer Ebene kennenlernen, wie etwa:

1. Haus: Ungeduld,
2. Haus: Hartnäckigkeit und Behäbigkeit,
3. Haus: geschwätziges Halbwissen,
4. Haus: Unselbständigkeit,
5. Haus: Prahlsucht,
6. Haus: kritischer Zynismus,
7. Haus: Schönfärberei und Schmeichelei,
8. Haus: idealistischer Fanatismus,
9. Haus: undifferenziertes, selbstgefälliges Missionarstum,
10. Haus: engstirnige, kategorische Rechthaberei,
11. Haus: leblose Scheinoriginalität (menschliche Karikatur),
12. Haus: weltfremde Träumerei.

Mit jeder weiteren Kreisumdrehung kann der Mensch erlöste Qualitäten durch seine gewachsene Bewußtheit erfahren und der Mitte oder höchsten Entwicklungsstufe näherkommen. Nach vielen Kreisumdrehungen, und schon relativ nahe der wahren Mitte, wird er die Häuser etwa in folgender Weise erleben:

1. Haus: Initiativkraft und Ritterlichkeit,
2. Haus: Gastfreundschaft und Gruppensinn,
3. Haus: Heiterkeit und Beweglichkeit,
4. Haus: Hingabefähigkeit und Gefühlstiefe,
5. Haus: Großzügigkeit und Lebensfreude,
6. Haus: Vernunft und Pflichtbewußtsein,
7. Haus: Schönheitssinn und Harmoniestreben,
8. Haus: Opferbereitschaft und Idealismus,
9. Haus: Urvertrauen und Weitblick,
10. Haus: Bescheidenheit und Arbeitsliebe,
11. Haus: Einfallsreichtum und geistige Kreativität,
12. Haus: Mitgefühl und Menschenliebe

Je näher wir der Mitte, beziehungsweise dem Kulminationspunkt bei unserer Reise durch die Zeitspirale (unser Häusersystem) kommen, desto näher kommen sich die anfänglich als Gegensätze erscheinenden Pole opponierender Häuser, wie etwa 1-7 oder 2-8 und so fort.
Daher erscheint es gerechtfertigt, die Bedeutung eines Hauses als um so erlöster (höherentwickelt) anzusehen, je mehr sie mit der Bedeutung des Gegenhauses vereinbar ist. Wir sahen das bereits einmal an dem »erlösten« Begriff Gleich-Mut, der die Achsenpole der Häuser 1 (Mut) und 7 (Gleich) zusammenfaßt.

Ein weiteres Beispiel mag dies noch verdeutlichen: Betrachten wir uns die »Zeitachse« Haus 4 – Haus 10, so beinhaltet Haus 4 die flexible Anpassung (Hingabe) an den Augenblick, Haus

10 dagegen das Moment der Dauer, Kontinuität, Ewigkeit. Liegt der Schwerpunkt am Anfang der Reise durch die Zeitspirale einseitig bei Haus 4, so bedeutet das kindisch-launenhaftige Stimmungsabhängigkeit von der augenblicklichen Situation mangels der Erfahrung von Zeitkontinuität. Etwa so, wie für ein Kleinkind das vorübergehende Weggehen der Mutter als absoluter Verlust der Mutter empfunden wird. Denn der Hinweis der Mutter: »Ich komme gleich wieder«, kann nicht wirklich verstanden werden, da für das Kleinkind Zeit als Kontinuität (Haus 10) noch nicht Erfahrungswissen ist. So wird Haus 4 als Abhängigkeit erlebt.

Ist dagegen der Achsenpol Haus 10 einseitig betont, so bedeutet das Gefangenschaft in der »Zeitperspektive«, d. h. ein Haften an Erfahrung und Erinnerung an Vergangenes und Angst vor der Zukunft bei gleichzeitigem Versäumen der lebendigen Gegenwart.
Dieses Phänomen finden wir – der Symbolik des 10. Hauses entsprechend – vor allem bei alten Menschen vor, für die Erinnerungen einerseits und Zukunftsängste andererseits häufig so präsent sind, daß die Offenheit für den sich wandelnden Augenblick darüber verloren geht und damit nichts wirklich Neues mehr aufgenommen werden kann und das Leben so nach einer Wiederholung von bereits Erfahrenem aussieht.

Die erlöste Mitte dieser beiden Pole der Zeitachse 4-10 könnte dagegen mit dem Bild des »weisen Alten« umschrieben werden, der sich bei aller Lebenserfahrung (Haus 10) sein kindliches Staunen (4. Haus) bewahrt – oder es wiedergefunden hat und so als ein Mensch mit flexiblem (Haus 4) Rückgrat (Haus 10) bezeichnet werden kann.
Wer von den Lesern dieser Zeilen tiefgreifende Meditationserfahrungen gemacht hat, der wird auch ein anderes Bild für die Mitte der Achse 4 – 10 nachvollziehen können: Dort, wo

der Augenblick zur Ewigkeit wird und sich die Ewigkeit aus lauter lebendigen Augenblicken zusammensetzt.

Je näher wir der Mitte durch diese »conjunctio oppositorum«, durch diese »unio mystica« der Achsenpole kommen, desto mehr sind wir auf ein – sprichwörtlich – meditatives, intuitives Erfassen der entsprechenden Seinsqualität angewiesen, denn unser Intellekt arbeitet – etwa wie ein Computer – quasi »binär« mit Entweder-Oder-Einteilungen und erlebt die Achsenmitte als ihn nicht befriedigende Paradoxie.
In der Mitte der Pole wird unser Intellekt also quasi »kurzgeschlossen«.
Dennoch können wir uns – auf den Achsenpolen hin- und herschaukelnd – intellektuell der Mitte annähern und sie demgemäß durch paradoxe Formulierungen annähernd beschreiben.

Für unsere 6 Häuserachsen 1/7; 2/8; 3/9; 4/10; 5/11 und 6/12 könnten solche Beschreibungen etwa lauten:

1/7: Handeln (1) aus der Balance, Zufriedenheit (7); friedvolle (7) Aktivität (1), kraftvolle (1) Harmonie (7). Somit umschreibt die Achsenmitte 1/7 eine Lebensqualität, in der sich Ausgeglichenheit (7) und Tatkraft (1) miteinander einen. Hier findet kein Handeln mehr aus hektischem triebhaftem Drang – wie bei einseitiger Betonung des 1. Hauses – statt, und auch keine vage (!), lauwarm kraftlose Scheinharmonie – Betonung von 7–, sondern Einheit von Kraft (1) und Eleganz (7), Friedfertigkeit (7) und Courage (1).

2/8: Im Wandel (8) wurzeln (2); Halt finden (2) in der Fähigkeit, Abschied zu nehmen (8); Opferbereitschaft (8) im Besitz (2); mit dem Tod (8) auf Du und Du (2) leben, wären Kurzformeln für diese Achsenmitte. Nehmen (2) und bereit sein loszulassen (8) ist ein Hauptthema dieser Achse. Das venusische Erdhaus 2 als Zeichen greifbarer (einverleibbarer) Sinnlichkeit, als diesseitigstes aller Häuser (»Essen und Trinken hält Leib' und Seel' zusammen«) trifft hier mit dem Haus der Vergänglichkeit, des Todes, des Alles-Loslassen-Müssens (8) zusammen, eine Achsen-Qualität, die sich im Volksbrauch des Leichen (8)-Schmauses (2) widerspiegelt, der als vereinigendes Gruppenritual (2) den Gegenpol zum Begräbnis (8) betont und so wieder in die Mitte bringen möchte. Und so meint diese Achse mit beiden Füßen in dieser sinnlichen Welt zu stehen (2) und sich dabei ständig der eigenen Vergänglichkeit (8) bewußt zu sein, quasi mit dem Tod (8) im Nacken (2) zu leben.

3/9: Offenes (3) Vertrauen (9); damit Gläubigkeit (9), die keinen Dogmatismus kennt und brüderlich (3) neben Bekenntnissen anderer steht.
Hier hat Ethik, Wertung, Moral (9) nichts Bigottes an sich, sondern birgt echte Toleranz in sich, und bleibt andererseits Wissen (3) nicht unverbindlich und bedeutungslos. Hier ist noch Einheit zwischen Glauben (9) und Wissenschaft (3) gegeben. Mit dieser Achsenmitte wird eine Seinsqualität umschrieben, wie sie in der Zen-Tradition durch folgende Zen-Geschichte illustriert wird: »Ein Schüler fragte den Zen-Meister Bodhidharma: ›Was ist Gott, was ist das Wichtigste in diesem Dasein?‹ Bodhidharma antwortete: ›Offen und weit, nichts von Heiligkeit.‹«
Als Kurzformel für diese Achsenmitte könnte auch gelten: Weit (9)-Blick (3).

4/10: Gefühls (4)-Tiefe (10); Gefühls (4)-Reinheit (10); Zeit (10)-Gefühl (4); diese Achsenmitte umschreibt eine Seinsqualität, in der sich die Reife und Erfahrung des Alters (10) mit kindlicher Unschuld (4) paaren, in der das eigene Rückgrat(10) kein Hindernis für die Hingabe an die Stimmung des

Augenblicks (4) darstellt, und in der Öffentlichkeit (10) und Privatleben (4) keine künstliche Trennung brauchen, da das Privatleben mit derselben Ernsthaftigkeit und Form (10) gelebt wird, als wäre es ständig dem Blick der Öffentlichkeit preisgegeben, und andererseits im Auftreten in der Öffentlichkeit Privates nicht geheimgehalten werden muß, sondern sich ohne weiteres zeigen kann (keine doppelte Moral).

5/11: Die Mitte dieser Achse umschreibt wahre Souveränität. Denn hier stehen Macht (5) und Freiheits- und Gleichberechtigungsdenken (11) selbstverständlich nebeneinander. Autorität (5) hat hier bereits mit Frei (11)-Willigkeit (5) zu tun und kennt keinen Machtanspruch mehr wie bei einseitiger Betonung des 5. Hauses. Hier ist der Potentat (5) allenfalls Primus (5) inter pares (11). Hier finden wir auch die Gleich (11)-Gültigkeit (5) mit ihrer wahren Bedeutung von gleicher Gültigkeit und nicht dem heute üblichen Beigeschmack von Desinteresse. Auch umschreibt die Achsenmitte 5/11 die Mitte zwischen einer Ausstrahlung des Herzens (5) und der Ausstrahlung geistiger Spiritualität (11), also einen Menschen, der Herzenswärme (5) – offenes 4. Chakra – mit geistiger Brillanz (Vipassana-Klarblick des Buddhismus) – offenes 6. Chakra der Chakrenlehre – verbindet.

6/12: In der Mitte der Achse 6/12 treffen die sorgsame Beachtung alltäglicher Verpflichtungen, die vernünftige Anpassung an die Gesetze der sichtbaren Wirklichkeit (6) mit der selbstvergessenen Hingabe an die Gesetze der unsichtbaren Wirklichkeit (12), Realismus (6) und Mystik (12) aufeinander. Das Streben nach dieser Mitte finden wir in dem klösterlichen Grundsatz: »ora (12) et labora (6)«, als der Aufforderung, uns zugleich dem Unnennbaren (12) im Gebet anzuvertrauen und andererseits auch unseren greifbaren Alltagsanforderungen (6) zu stellen. Wer diese Mitte verwirklicht, wird das Wunder

(12) im Alltäglichen (6) erleben und im achtsamen Umgang mit dem Profanen (6) transzendieren (12).

Da wir uns nun schon so nahe an die Mitte unseres »wunderbaren Kreises« herangetastet haben, mag es inspirieren, noch einmal die 12 Häuser zu definieren, so wie sie in der letzten Umdrehung vor der unnennbaren Mitte erfahren werden können:

1. Haus: Absichtsloses Tun (gleichmütiges Tun).
2. Haus: Wunschlose Sinnenfreude (Genuß ohne Verlangen).
3. Haus: Rechtes Denken und Sprechen (rechte Lehre).
4. Haus: Augenblicksnähe (Identität mit dem Moment).
5. Haus: Wärme, Autorität (die es nicht nötig hat, sich über andere zu erheben, sondern den gleichberechtigten Partner kraft ihrer Ausstrahlung überzeugt).
6. Haus: Achtsamkeit (von zentraler Bedeutung bei buddhistischer Meditation), Sorgfalt, Dienen können.
7. Haus: Innere Balance und Frieden (Zufriedenheit).
8. Haus: Tiefe Wandlungsfähigkeit (»Stirb und Werde« in jedem Augenblick, »Der Zweimalgeborene«).
9. Haus: Religiöse Offenheit (»Ethik der Brüderlichkeit«, Weite).
10. Haus: Klarheit, Reinheit, Stille.
11. Haus: Selbstverständliche Freiheit, Atem.
12. Haus: All – Ein – Sein.

Wir können bis hierher feststellen, daß der »Häuserkreis« analog zum Tierkreis eine Art »Mandala« darstellt, welches ein archetypisches Entwicklungsmuster beinhaltet. So können wir vom 1. Haus bis zum 12. Haus – analog vom Widder bis zum Fisch – einzelne, logisch aufeinanderfolgende Entwicklungsschritte unterscheiden, die sich, wie die Jahreszeiten (oder Tageszeiten) zyklisch wiederholend der Mitte nähern. Dabei ist bezogen auf eine Kreisumdrehung das 1. Haus (und

das entsprechende Tierkreiszeichen Widder) die primitivste Entwicklungsstufe und das am Ende des Zyklus stehende 12. Haus (analog Fische) die höchste Entwicklungsstufe. Denn jedes Haus beinhaltet die Qualitäten und Erfahrungen der ihm vorausgehenden Häuser. So beinhaltet das 2. Haus (analog Stier) bereits das 1. Haus, während das 3. Haus (analog Zwillinge) schon die Erfahrung des 1. und 2. Hauses einschließt. Das 12. Haus als letztes eines Zyklus' schließt also alle 11 vorangegangenen Häuser = Entwicklungsstufen ein.
Das Spiralmodell zeigte uns freilich, daß die Entwicklung nicht bei einer Kreisumdrehung stehenbleibt, sondern sich von den äußeren bzw. unteren Ebenen (dem Verhaftetsein an »Äußerlichkeiten« und »Unterhaltung«) in weiteren Kreisumdrehungen der erlösten Mitte der Dinge nähert. Das erste Haus der zweiten Kreisumdrehung ist also quasi eine Art »13. Haus« und damit in der Entwicklung bereits weiter gediehen als das höchstentwickelte Haus 12 der vorangegangenen Umrundung.
Dies mag eine Erklärung dafür sein, warum es erleuchtete Individuen gibt, in deren Horoskopen wir Betonungen etwa im ersten Quadranten, also in – wie wir meinen könnten – primitiveren Entwicklungsstufen vorfinden. Denn die Grafik des Geburtsbildes gibt uns ja keine Auskunft darüber, die wievielte Kreisumdrehung wir in ihr abgebildet sehen. Die innere Logik dieses »wunderbaren Kreises« des »Häusermandalas« beschränkt sich aber nicht nur auf die Stimmigkeit gegenseitiger Ergänzung der Häuser bzw. den natürlich-logischen, organischen Entwicklungsablauf vom 1. bis zum 12. Haus. Vielmehr werden wir im Folgenden entdecken können, daß wir jedes Haus mit jedem anderen Haus in Beziehung bringen können und dabei eine tiefe Sinnhaftigkeit im Verhältnis aller Häuser (analog auch der entsprechenden Tierkreiszeichen) zueinander vorfinden.
Durch dieses In-Bezug-Setzen werden wir nicht nur schlüssi-

ge Erklärungen für altüberlieferte Häuserbedeutungen, die bisher einfach unreflektiert übernommen werden mußten, erarbeiten, sondern vor allem auch die inneren Sinnbezüge einzelner Lebensbereiche zueinander entdecken, wie sie von den Häusern repräsentiert werden. Das angedeutete In-Bezug-Setzen der Häuser ist technisch ganz einfach zu praktizieren. Wir gehen dabei so vor, daß wir das Haus, dessen Thematik uns besonders interessiert, zum Ausgangspunkt des ganzen Häuserkreises nehmen und alle anderen Häuser darauf beziehen. Ist etwa das 11. Haus für uns besonders interessant, so nehmen wir dieses 11. Haus als Ausgangspunkt des Häuserkreises, so als wäre das 11. Haus das 1. Haus des Häuserkreises. Auf diese Art und Weise wird das 12. Haus quasi zum 2. Haus (bezogen auf das 11. Haus), das 1. Haus zum 3. Haus (bezogen auf das 11. Haus), das 2. Haus zum 4. Haus (bezogen auf das 11. Haus) und so fort.

Vgl. dazu die Abbildung auf der nächsten Seite.

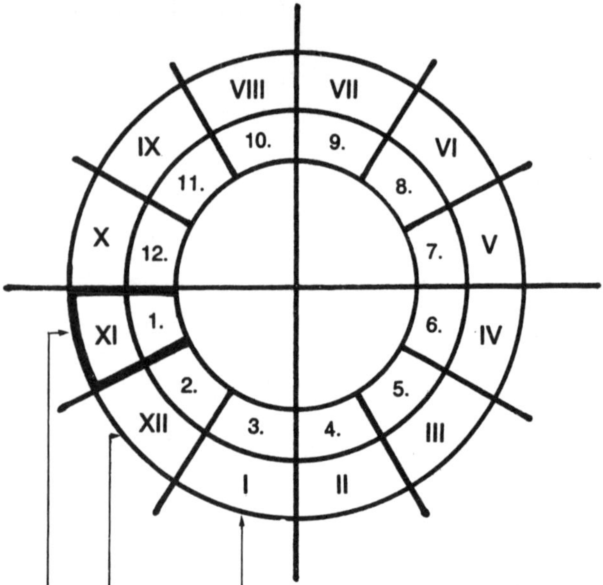


Das 1. Haus des 11. Hauses ist das 11. Haus

Das 2. Haus des 11. Hauses ist das 12. Haus

Das 3. Haus des 11. Hauses ist das 1. Haus

Bei dieser Vorgehensweise (im Folgenden 1. *Methode* genannt erhalten wir für das uns im Beispiel interessierende 11. Haus zunächst folgende »Gleichungen«, die uns die Qualität des Hauses näher erläutern:

Das 1. Haus des 11. Hauses ist das 11. Haus
Das 2. Haus des 11. Hauses ist das 12. Haus
Das 3. Haus des 11. Hauses ist das 1. Haus
Das 4. Haus des 11. Hauses ist das 2. Haus
Das 5. Haus des 11. Hauses ist das 3. Haus
Das 6. Haus des 11. Hauses ist das 4. Haus
Das 7. Haus des 11. Hauses ist das 5. Haus
Das 8. Haus des 11. Hauses ist das 6. Haus
Das 9. Haus des 11. Hauses ist das 7. Haus
Das 10. Haus des 11. Hauses ist das 8. Haus
Das 11. Haus des 11. Hauses ist das 9. Haus
Das 12. Haus des 11. Hauses ist das 10. Haus

Gedeutet hieße beispielsweise die Gleichung:

»Das 4. Haus des 11. Hauses ist das 2. Haus«, daß die Quelle, die Basis, der Mutterschoß (4. Haus) für Freundschaften (überlieferte Bedeutung des 11. Hauses) im Gruppensinn bzw. Zusammengehörigkeitsgefühl (2. Haus) liegen.
Die Gleichung: Das 2. Haus des 11. Hauses ist das 12. Haus bedeutet dagegen, daß der Fundus (2. Haus) für die geistige Kreativität (11. Haus) in der meditativen Versenkung (12. Haus) liegt.
Eine *2. Methode*, die Qualität eines Hauses durch In-Bezug-Setzen zu den anderen Häusern näher zu untersuchen, ist die Fragestellung: »Das wievielte Haus ist das uns interessierende Haus bezogen auf ein beliebiges anderes Haus?« In unserem Beispiel also etwa die Frage: »Das wievielte Haus ist das 11. Haus bezogen auf (z. B.) das 9. Haus?« So erhalten wir noch

einmal eine Reihe von astrologischen Gleichungen zur Definition des 11. Hauses, nämlich, wie aus folgender Abbildung ersichtlich, diese:

Das 11. Haus ist das 1. Haus des 11. Hauses
Das 11. Haus ist das 2. Haus des 10. Hauses
Das 11. Haus ist das 3. Haus des 9. Hauses
Das 11. Haus ist das 4. Haus des 8. Hauses
Das 11. Haus ist das 5. Haus des 7. Hauses
Das 11. Haus ist das 6. Haus des 6. Hauses
Das 11. Haus ist das 7. Haus des 5. Hauses
Das 11. Haus ist das 8. Haus des 4. Hauses
Das 11. Haus ist das 9. Haus des 3. Hauses
Das 11. Haus ist das 10. Haus des 2. Hauses
Das 11. Haus ist das 11. Haus des 1. Hauses
Das 11. Haus ist das 12. Haus des 12. Hauses.

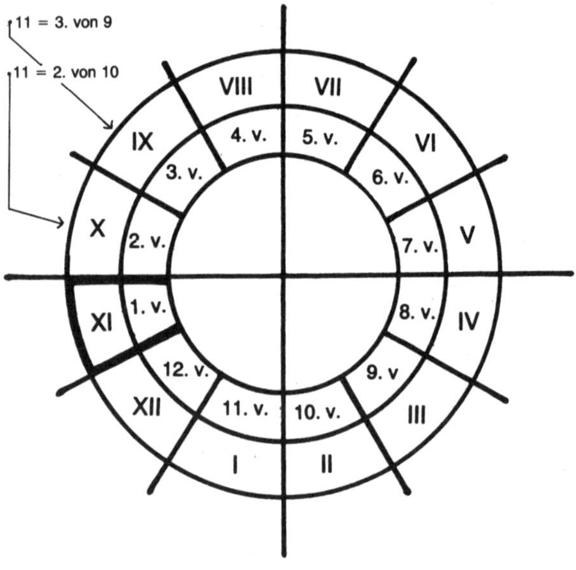

Mit Hilfe der so gefundenen Gleichungsreihe läßt sich zum Beispiel leicht erklären, warum das 11. Haus traditionsgemäß die Bedeutung »Mäzene«, »Mäzenatentum« trägt.
Denn die Tatsache, daß das 11. Haus das 2. Haus des 10. Hauses ist, zeigt, daß sich der finanzielle Fundus (2)— für den Beruf im Sinne von Berufung (10) im 11. Haus findet. Dazu kommt, daß das 11. Haus das 3. Haus des 9. Hauses ist, woran man ablesen kann, daß es die »Brüder« (3) in der weltanschaulichen Einstellung (9), also quasi eine Art »Wahlverwandtschaften« abbildet. In dieser Gleichung drückt sich auch aus, welche Qualität von »Freundschaften« (überlieferte Bedeutung des 11. Hauses) mit Haus 11 gemeint ist, nämlich die, die sich auf ein gemeinsames philosophisches (9) Verständnis (3) gründet.
Schließlich ist das 11. Haus auch das 5. Haus des 7. Hauses, was die Aussage beinhaltet, daß der andere (7) hier (11) der Gebende (5) ist.

Kombiniert man nur diese drei Gleichungen, so ergibt sich aus der Gabe (5) des anderen (7) einerseits, andererseits aus dem »geschwisterlich« geteilten (3) Weltbild (9) und schließlich aus dem pecuniären Fundus (2) für das Berufsziel (10) schon recht deutlich eine Umschreibung des Begriffes von Mäzenatentum. Wir können auf diese Weise nicht nur überlieferte Bedeutungen der Häuser nachvollziehen und ergänzen, sondern ganz allgemein einzelne Lebensbereiche mit Hilfe dieses »Häusermandalas« philosophisch untersuchen. Interessiert uns beispielsweise der Begriff Philosophie selbst besonders, der klassisch dem 9. Haus zugeordnet ist, so erhalten wir nach der 1. Methode folgende Gleichungsreihe:

* Von hier ab wird die Bezeichnung/Zahl des Hauses, aus dem sich die entsprechende Be-Deutung ergibt, hinter dieser in Klammer gesetzt.

| | |
|---|---|
| 1. von 9 = 9 | 7. von 9 = 3 |
| 2. von 9 = 10 | 8. von 9 = 4 |
| 3. von 9 = 11 | 9. von 9 = 5 |
| 4. von 9 = 12 | 10. von 9 = 6 |
| 5. von 9 = 1 | 11. von 9 = 7 |
| 6. von 9 = 2 | 12. von 9 = 8 |

Nach der 2. *Methode* ergeben sich folgende Gleichungen:

| | |
|---|---|
| 9 = 1. von 9 | 9 = 7. von 3 |
| 9 = 2. von 8 | 9 = 8. von 2 |
| 9 = 3. von 7 | 9 = 9. von 1 |
| 9 = 4. von 6 | 9 = 10. von 12 |
| 9 = 5. von 5 | 9 = 11. von 11 |
| 9 = 6. von 4 | 9 = 12. von 10 |

So bekommen wir etwa für die Gleichung 2. von 9 = 10 die Übersetzung: Die Substanz (2) der Philosophie (9) liegt in ihren Zielvorstellungen (10) oder für die Gleichung 4. von 9 = 12 die Aussage: Einsamkeit (12) ist die Basis (4) der Philosophie (9) oder:
Das Kloster (12) ist die Wiege (4) der Religion (9) oder:
»vierzig Tage in der Wüste« (12) sind die Geburt (4) der Einsicht (9).

Die Gleichung der 2. Methode: 9 = 6. von 4 könnte etwa übersetzt werden: Philosophie (9) ist die Analyse (6) unseres Ursprungs/Herkunft (4).
Wollen wir Belange, die zum 5. Haus gehören, wie etwa Sexualität, Spiel, Schöpfung, Ausdruck etc., untersuchen, so erhalten wir für das 5. Haus die Gleichungen:

| *1. Methode* | *2. Methode* |
|---|---|
| 1. von 5 = 5 | 5 = 1. von 5 |
| 2. von 5 = 6 | 5 = 2. von 4 |
| 3. von 5 = 7 | 5 = 3. von 3 |
| 4. von 5 = 8 | 5 = 4. von 2 |
| 5. von 5 = 9 | 5 = 5. von 1 |
| 6. von 5 = 10 | 5 = 6. von 12 |
| 7. von 5 = 11 | 5 = 7. von 11 |
| 8. von 5 = 12 | 5 = 8. von 10 |
| 9. von 5 = 1 | 5 = 9. von 9 |
| 10. von 5 = 2 | 5 = 10. von 8 |
| 11. von 5 = 3 | 5 = 11. von 7 |
| 12. von 5 = 4 | 5 = 12. von 6 |

Aus der Fülle der Gleichungen zum 5. Haus können wir als Beispiele herausgreifen:

4. von 5 ist 8 mit der Deutung: Die Mutter (4) der Schöpfung (5) ist der Tod (8).

Wie viele der mit Hilfe der Gleichungen erarbeiteten Sätze erscheint dieser Satz beim flüchtigen ersten Hinsehen eher widersinnig.

Machen wir uns aber die Mühe, die Wahrheit, die uns der »wunderbare Kreis« des Häusersystems über die Schöpfung sagen möchte, wirklich verstehen zu wollen und betrachten uns den Satz näher, so können wir am Kreislauf der Natur ablesen, daß die Gärungs-, Zersetzungs- und Verfallsprozesse im Skorpionmonat November (analog 8. Haus) den Humus (Mutterboden 4. Haus) bilden, auf dem neues Leben (5) gedeihen kann. Die Gleichung 5. von 5 = 9 heißt übersetzt: Ausdruck (5) der Schöpfung (5) = Expansion/Entwicklung (9) oder:

Ausdruck (5) von Kindlichkeit (5) ist Vertrauen (9) oder: Ausdruck (5) von Lebenskraft (5) ist Vertrauen (9). Die Gleichung 8. von 5 = 12 kann bedeuten: Der Tod (8) der Sexualität (5) ist das Kloster (12) oder: Der Tod (8) der Kreativität (5) ist die Einsamkeit (12).

Wie schon die wenigen Beispiele zeigen, bekommen wir sehr verschiedene Aussagen zum selben Thema. So wird etwa Einsamkeit (12) einmal als Basis (4) für Einsicht (9) – 12 = 4. von 9 –, andererseits als Tod (9) für die Kreativität (5) – 12 = 8. von 5 – bezeichnet. Damit wird vom Häusermandala klargestellt, daß Selbstausdruck (5) in der Zurückgezogenheit (12) abstirbt (8), während man eben gerade dort (12) Einsichten (9) empfängt (4).

An den gezeigten Beispielen wird auch deutlich, daß sich wirklich stimmige Aussagen nur dann ergeben, wenn Sie sich bemühen, entweder möglichst wertfreie, abstrakte Begriffe für die einzelnen Felder auszuwählen und vor allem Begriffe, die auf ähnlicher Evolutionsstufe stehen, d. h. denselben Erlösungsgrad erreicht haben. So ist zwar der Satz wahr: »Kloster (12) ist Metamorphose (8) der Sexualität (5)«, wogegen der Satz: »Gefängnis (12) ist Umwandlung (8) von Kreativität (5)« mangels Begriffen gleicher Evolutionsstufe problematischer wäre.
Trotz des unerlösten Begriffes »Gefängnis« kann man aber selbst hier noch Wahres finden, wenn man etwa daran denkt, daß die kreative Schöpfungskraft eines Menschen im Gefängnis in ihrer kriminellen Energie abgetötet (8) und in andere subtilere Ausdrucksformen gewandelt (8) werden soll.

## Die Anwendung des Häusermandalas als Lebenshilfe

Die Sinnhaftigkeit des Häusermandalas erschöpft sich freilich nicht in der abstrakten philosophischen Erkenntnis, sondern kann gerade auch sehr hilfreich zur Lösung von Lebenskrisen beitragen.

Eine wesentliche, wenn nicht sogar die entscheidende Hilfe bei der Bewältigung von Problemen stellt die Bewußtmachung und Klärung der inneren Zusammenhänge des Problems dar. Sieht der Mensch in der Lebenskrise klar, womit sein Problem zusammenhängt, so wird er dadurch in die Lage versetzt, nicht nur passives Opfer des Geschehens zu sein, sondern selbst aktiv an der Lösung mitarbeiten zu können.

Zur Bewußtmachung kann aber die Weisheit des Häusersystems einen entscheidenden Beitrag leisten.

Nehmen wir an, Sie befänden sich in einer partnerschaftlichen Krise, ohne sich erklären zu können, wo das Problem liegt. Sie können dann mit Hilfe des Häusermandalas die partnerschaftliche Sphäre näher untersuchen, indem Sie nach beiden vorgestellten Methoden das 7. Haus analysieren. Sie erhalten so die Gleichungsreihen:

| *1. Methode* | *2. Methode* |
|---|---|
| 1. von 7 = 7 | 7 = 1. von 7 |
| 2. von 7 = 8 | 7 = 2. von 6 |
| 3. von 7 = 9 | 7 = 3. von 5 |
| 4. von 7 = 10 | 7 = 4. von 4 |
| 5. von 7 = 11 | 7 = 5. von 3 |
| 6. von 7 = 12 | 7 = 6. von 2 |
| 7. von 7 = 1 | 7 = 7. von 1 |
| 8. von 7 = 2 | 7 = 8. von 12 |
| 9. von 7 = 3 | 7 = 9. von 11 |

| | |
|---|---|
| 10. von 7 = 4 | 7 = 10. von 10 |
| 11. von 7 = 5 | 7 = 11. von 9 |
| 12. von 7 = 6 | 7 = 12. von 8 |

Die aus der ersten Methode gewonnenen Gleichungen sagen Ihnen über den Bereich Partnerschaft unter anderem:
Die Substanz (2) einer Partnerschaft (7) liegt in der Opferbereitschaft (8) oder Wandlungsfähigkeit (8).
Die Kommunikation (3) in der (wahren) Partnerschaft (7) ist vertrauensvoll (9).
Die Basis (4) einer Partnerschaft (7) liegt in ihrer Zielsetzung (Aufgabe) (10).
Der Ausdruck (5) (wahrer) Partnerschaft (7) ist: Freiheit, Gleichheit, Brüderlichkeit (11).
Das Aussteuerungsmittel (6) (wahrer) Partnerschaft (7) ist Sensibilität (12).
Das Ergänzende (7) in der Partnerschaft (7) sind anregende Impulse (1).
Der Tod (8) der Partnerschaft (7) sind Besitzansprüche (2) oder: Das Leitbild (8) der Partnerschaft (7) ist Zusammengehörigkeitsgefühl (2) bei erlösterer Interpretation.
Die Philosophie (9) der Partnerschaft (7) ist gegenseitiger Austausch (3).
Die Zielsetzung (10) der Partnerschaft (7) ist Geborgenheit/emotionale Nähe (4).
Den Freiraum (11) in der Partnerschaft (7) schafft die Selbstbewußtheit (5) (jedes Partners).
Die höchste Entwicklungsstufe (12) der Partnerschaft (7) ist Dienen (6).

Aus der zweiten Methode lassen sich folgende Einsichten gewinnen:
»Partnerschaft (7) ist zum Bestand gemachte (2) Anpassung (6)«
»Partnerschaft ist Austausch (3) von Lebensenergie/Sex (5)«

»Partnerschaft ist Basis (4) von Geborgenheit (4)«
»Partnerschaft ist Ausdruck (5) von Beziehungsfähigkeit (3)«
»Partnerschaft ist sorgsames Bewahren (6) der Gruppe (2)«
»Partnerschaft ist der Gegensatz (7) zu Eigenwilligkeit (1)«
»Partnerschaft ist das Leitbild (8) der Einsamen (12)«
»Partnerschaft ist der Sinn (9) der Freundschaft (11)«
»Partnerschaft ist das Ergebnis (10) von Arbeit (10)«
»Partnerschaft ist Aufhebung (11) persönlichen Expansionsstrebens (9)« und
»Partnerschaft ist die höchste Entwicklungsstufe (12) von Opferbereitschaft (8)«.

Obwohl die hier aufgeführten Deutungsvorschläge nur einen kleinen Ausschnitt der möglichen Interpretationen wiedergeben, lenken sie doch schon das Bewußtsein des in der Partnerschaftskrise Leidenden auf mögliche Hintergründe des Partnerschaftsproblems. Können Sie doch beispielsweise fragen, ob das Problem an einer fehlenden gemeinsamen Zielsetzung, fehlender vertrauensvoller Kommunikation, fehlenden anregenden Impulsen etc. liegen mag.
Gleichungsinterpretationen auf erlösteren Ebenen können so ein Hinweis auf eine in der Partnerschaft fehlende Qualität sein, während unerlöstere Interpretationen direkte Hinweise auf das Problem geben, wie etwa:
»Besitzansprüche (2) sind der Tod (8) einer Partnerschaft.«
Nehmen wir weiter an, daß sich aus der Befragung des Häusermandalas für Sie ergeben hat, daß die Partnerschaftskrise einmal an der fehlenden Zielsetzung und zum anderen an Ihrer Eifersucht (Besitzanspruch) liegen könnte. Daraus könnte sich die Frage entwickeln: 1. wie schaffe ich eine Basis für Zielsetzungen, und 2. wie könnte ich den Besitzanspruch auflösen bzw. mich von ihm befreien.
Die Antwort aus dem Häusersystem lautet:

**1.** »Die Basis (4) für Zielsetzungen (10) ist die Eigeninitiative (1)« (das 4. Haus des 10. Hauses ist das 1. Haus)
**2.** »Die Auflösung (12) von Besitzansprüchen (2) geschieht durch Eigeninitiative (1)« (das 12. Haus des 2. Hauses ist das 1. Haus)
**3.** »Befreiung (11) von Besitzansprüchen (2) erlangst Du durch Allein-Sein-Lernen (12)« (das 11. Haus des 2. Hauses ist das 12. Haus).

Mit Hilfe dieser Aussagen wird deutlich, daß eine Lösung der Situation nicht von außen erwartet werden darf, sondern in der Person des Fragestellers selbst liegt. Schon alleine die dadurch entstehende Klarheit und mögliche Rücknahme von Projektionen kann den Weg aus der Verfahrenheit der Situation ebnen.

Denn solange die Schuldprojektion nach außen, nach dem Motto: »Du mußt etwas tun, damit es in der Beziehung weitergeht« – bestehen bleibt, wird keine Lösung möglich sein und der Betreffende sich als Opfer der Situation fühlen. Mit Hilfe des Hinweises für die nötige Eigeninitiative und das Allein-Sein-Lernen hat er aber die Möglichkeit, selbst an der Lösung des Problems mitzuarbeiten.

**Zusammenfassung**

**1.** Der astrologische Häuserkreis ist ein Abbildungssystem der Wirklichkeit (ein Mandala), welches mit seinen zwölf Häusern die ganze den Menschen umgebende (Umwelt) und die in ihm selbst lebendige (Innenwelt) Wirklichkeit abzubilden vermag.
**2.** Er läßt sich – ganz unabhängig von den dazu existierenden jahrtausendealten Überlieferungen – abstrakt aus den vier kardinalen Punkten des Kreises (als Umkreis des Menschen) oben/unten/rechts/links ableiten.
**3.** Die zwölf Häuser, die die möglichen äußeren und inneren Erlebnissphären des Menschen (bzw. alles Existierenden) be-

schreiben, stehen in einem Verhältnis zueinander, das sich durch eine tiefgründige, fast wunderbar anmutende Logik auszeichnet.
Dies können wir anhand der Gegensatzergänzung einander gegenüberliegender, der kreisförmigen Entwicklung aufeinander folgender Häuser sowie deren innerem Zusammenhang entdecken.

**4.** Die Qualitäten der 12 Häuser haben deutliche Entsprechungen zu den Qualitäten der 12 Tierkreiszeichen, die vielen Astrologiestudierenden bekannter sind und so zum besseren Verständnis der Häuserbedeutungen herangezogen werden können.

**5.** Die kreisförmige Abbildung des Häusersystems führt bei Schlußfolgerungen daraus nicht – wie man vielleicht vermuten könnte – zu Zirkelschlüssen, wenn man der Tatsache Rechnung trägt, daß die Darstellung in Kreisform eine grafische Vereinfachung ist, die das Entwicklungsmoment nicht enthält.
Daher muß bei richtiger Interpretation der Häuserbezüge zueinander das oben erwähnte Spiral- oder Wendeltreppenmodell (welches im übrigen sehr an das Genmodell der Doppelhelix erinnert) zugrundegelegt und so das evolutionäre Moment berücksichtigt werden.

**6.** Das logische Spiel mit dem Häuserkreis läßt sich auf vielschichtige Arten und Weisen fruchtbar machen:
Es vermittelt (insbesondere nach der Vorgehensweise der Methoden I und II) nicht nur dem astrologischen Laien und Anfänger, sondern auch noch erfahrenen Astrologen ein immer tieferes Verständnis von den Häusern und analog auch den Tierkreiszeichen.
Über diese mehr technische Komponente hinaus ist das Spiel aber auch geeignet, die Zusammenhänge einzelner Lebensbereiche (Erfahrungssphären, Wirklichkeitsausschnitte) untereinander zu klären, und auf diese Art und Weise sich dem philo-

sophischen Klarblick über das Wesen der Existenz zu nähern. Der Häuserkreis ist aber auch in ganz konkreten Alltagsfragen ein Mittel zu deren Klärung, wenn man ihn in der vorgestellten Art wie ein Orakel befragt, und sich durch seine sybillinisch anmutenden Antworten nicht abschrecken läßt. Er vermittelt Richtung, ohne Patentrezepte zu geben, und wendet sich daher an den wahrhaft und ernsthaft Suchenden.

Dem noch nicht so in der astrologischen Symbolsprache Geübten mögen die vielfältigen Kombinationsmöglichkeiten dieses Systems anfänglich etwas verwirrend erscheinen. Andererseits wäre es auch sehr verwunderlich, wenn ein System, was den Anspruch erhebt, die Wirklichkeit abzubilden und bei der Findung der Wahrheit zu helfen, ohne jede Eigenanstrengung, erlernbar wäre.
So wird es sicherlich seine Zeit brauchen, bis Sie selbst spielerisch mit den Häuserzusammenhängen jonglieren können und dabei auch das Empfinden haben, auf Wahrheiten zu stoßen. Doch die Mühe, sich der gedanklichen Akrobatik mit derselben Intensität zu stellen, wie sie von Rinzai-Zen-Meistern bei der Lösung von Koans verlangt wird, lohnt. Das Häusersystem bietet dem wahrhaft Suchenden den Lohn der Weisheit und dem daraus spontan entspringenden Lebenskünstlertum.

Damit Sie aber trotz der Anfangsschwierigkeiten mit der Kombinatorik des Häusersystems die Freude am (Erkenntnis-)Spiel nicht verlieren, habe ich Ihnen im folgenden Teil des Buches zu jeder der möglichen Kombinationen einige Deutungsvorschläge gegeben und dabei häufig auch Interpretationen verschiedenen Erlösungsgrades gewählt.
Mögen diese Sie zu eigener Kreativität anspornen!

# Teil II
# Die Bedeutungen der Häuser und ihre wechselseitigen Bezüge

## Das 1. Haus

- Element: Feuer
- Tierkreiszeichen: Widder/Symbol: ♈
- Planet: Mars/Symbol: ♂
- Farbe: hellrot, grellrot, feuerrot
- Archetyp. Bild: Der Funke sich entzündendes losprasselndes Feuer
- Archetyp. Gegenstand: Das Schwert
- Sozialer Archetyp: Der Jäger, Ritter, Kämpfer, Sportler
- Das Naturbild: Frühlingshafter Aufbruch der Kräfte, der die Schale sprengende, Widerstände überwindende Keim
- Kernsatz: Ich will (sein, tun), ich initiiere, kämpfe für. ...

**Begriffe und Bedeutungen:**

*a) abstrakt:*

Der Uranfang, Beginn, Start, Antrieb, Impuls, Die Aktion, Tat, Wille, Die Offensichtlichkeit (Sichtbarkeit), Körperlichkeit, Subjektivität, Schärfe, Spitze, Schneide, Hitze, Penetration, Leistung, Kampf, Siegeswille, Unmittelbarkeit.

*b) auf erlösterer Ebene:*

Die Initiativkraft, persönliche Motivation, Anregung, Mut, Durchsetzung, Durchdringung, Beschleunigung, Schnelligkeit, Direktheit, Ehrlichkeit, Ritterlichkeit, Entscheidungskraft, Tatkraft.

*c) auf unerlösterer Ebene:*
Wut, Zorn, Hitzigkeit, Unüberlegtheit, Raserei, Hektik, Rivalität, Krieg, Ungeduld, Grobheit, Egoismus, Unausgeglichenheit, Triebhaftigkeit, Verletzung, Verbrennung, Fiebrigkeit, mangelnde Diplomatie, Ungeschliffenheit.

## 1. Haus 1. Methode

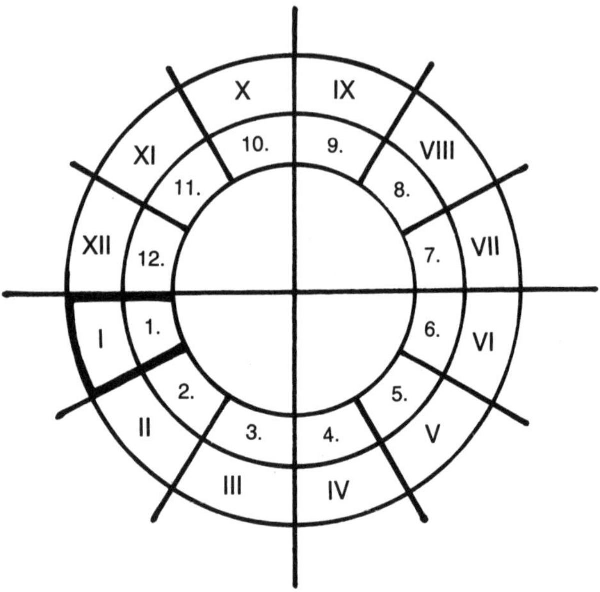

Untersuchung nach 1. Methode:

**1. von 1 = 1** (Das 1. Haus des 1. Hauses ist Haus 1):
- Initiativkraft (1) ist der Mut (1) zur Entschlossenheit (1)
- Wille (1) ist kompromißlose (1) Energie (1)
- Entscheidung (1) ist der erste Schritt (1) zur Tat (1)

**2. von 1 = 2** (Das 2. Haus des 1. Hauses ist Haus 2):
- Gesammelte (2) Kraft (1) gibt Sicherheit (2)
- Wer an Durchsetzung (1) festhält (2), ist hartnäckig (2)
- Sich von Energie (1) nähren (2), heißt genießen (2)

**3. von 1 = 3** (Das 3. Haus des 1. Hauses ist Haus 3):
- Denken (3) heißt Energie (1) verteilen (3)
- Literatur (3) vermittelt (3) Anregungen (1)
- Worte (3) sind neutrale (3) Aktivität (1)

**4. von 1 = 4** (Das 4. Haus des 1. Hauses ist Haus 4):
- Beeindruckbarkeit (4) gebiert (4) Energie (1)
- Hingabe (4) ist die Mutter (4) der Tatkraft (1)
- Wer sich hingibt (4), empfängt (4) Urkräfte (1)

**5. von 1 = 5:**
- Sexualität (5) ist ein Spiel (5) der Urkräfte (1)
- Ausstrahlung (5) ist Ausdruck (5) von Tatkraft (1)
- Mächtig ist (5), wer über seinen Willen (1) herrscht (5)

**6. von 1 = 6:**
- Vernunft (6) heißt zweckmäßiger (6) Energieeinsatz (1)
- Angst (6) ist Mißtrauen (6) gegenüber der Urenergie (1)
- Benehmen (6) ist angepaßte (6) Aktion (1)

**7. von 1 = 7:**
- Harmonie (7) ist Ausgleich (7) von Energien (1)
- Partnerschaft (7) ist Herausforderung (7) zur Aktion (1)

• Frieden (7) ist das Gleichgewicht (7) der Kräfte (1)

**8. von 1 = 8:**
• Tod (8) bedeutet Verwandlung (8) von Energie (1)
• Metamorphose (8) heißt Tod (8) des Ego (1)
• Fanatismus (8) heißt alles oder nichts (8) in der Aktion (1)

**9. von 1 = 9:**
• Religion (9) ist Vertrauen (9) auf die Urenergie (1)
• Optimismus (9) ist die Philosophie (9) der Tat (1)
• Pathos (9) heißt in der Aktion (1) über das Ziel hinausschießen (9)

**10. von 1 = 10:**
• Ruhm (10) ist das Ergebnis (10) von Taten (1)
• Gesellschaftliche Anerkennung (10) ist die Zielsetzung (10) von Leistung (1)
• Konsequenz (10) ist zielgerichtete (10) Energie (1)

**11. von 1 = 11:**
• Karikatur (11) zeigt die Originalität (11) der körperlichen Erscheinung (1)
• Erfindungen (11) sind freigesetzte (11) Energien (1)
• Revolution (11) ist überraschender (11) Neubeginn (1)

**12. von 1 = 12:**
• Selbstlosigkeit (12) ist die höchste Entwicklungsstufe (12) des Tuns (1)
• Meditation (12) bedeutet das Transzendieren (12) der Aktivität (1)
• Wo alle Möglichkeiten existieren (12), löst sich der Initiativdrang (1) in Nichts auf (12)

## 1. Haus, 2. Methode

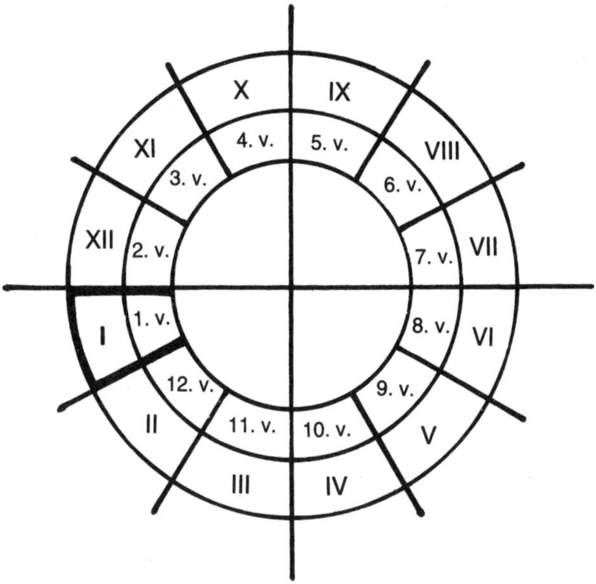


Untersuchung nach 2. Methode:

**1 = 1. von 1** (Das 1. Haus ist das 1. Haus des 1. Hauses):
- Der Anfang (1) ist Der Anfang (1) aller Anfänge (1)

**1 = 2. von 12** (Das 1. Haus ist das 2. Haus des 12. Hauses):
- Tun (1) heißt Möglichkeiten (12) zum Bestand machen (2)
- Körperliche Existenz (1) bedeutet Beschränkung (2) im Potentiellen (Summe aller Möglichkeiten) (12)
- Hektik (1) ist greifbares (2) Chaos (12)

**1 = 3. von 11** (Das 1. Haus ist das 3. Haus des 11. Hauses):
- Aktivität (1) ist ein Zeichen (3) von Freiheitsbedürfnis (11)
- Tun (1) ist die Demonstration (3) der Eigenheit (Originalität) (11) nach außen (»An ihren Taten sollt ihr sie erkennen«)
- Krieg (1) ist die Sprache (3) der Revolution (11)

**1 = 4. von 10** (Das 1. Haus ist das 4. Haus des 10. Hauses):
- Handeln (1) ist die Basis (4) aller Ergebnisse (10) (»Wie du säst, so wirst du ernten«)
- Tun (1) hat seinen Ursprung (4) in der Zeit (10) (»Handeln setzt Zeit voraus«
- Körperliche Existenz (1) ist von wechselhafter (4) Beständigkeit (10)

**1 = 5. von 9:**
- Aktivität (1) zeugt von (5) Vertrauen (9)
- Durchsetzung (1) schafft (5) Expansion (9)
- Das Tun (1) eines Menschen ist Ausdruck (5) seines Weltbilds (9)

**1 = 6. von 8:**
- Tun (1) dient (6) der Metamorphose (Verwandlung) (8)
- Neubeginn (1) ist die Verwertung (6) von Totem (8) (Keime verwerten den Humus [zersetzte Altpflanzen])
- Hektik (1) ist die Angst (6) vor dem Tod (Vergänglichkeit) (8)

**1= 7. von 7:**
- Die Bereitschaft zur Tat (1) ergänzt (7) Diplomatie (7)
- Handeln (1) ist die Ergänzung (7) zum Denken (7)
- Krieg (1) ist das Gegenteil (7) von Frieden (7) (Im letzten Beispiel wird deutlich, wie unerlöstere Begriffe eine Aussage umkehren können. Durch die Übersetzung des 7. Hauses mit »Gegenteil« wird nämlich die Unvereinbarkeit

der gegenüberliegenden Häuser – und damit »Unerlöstheit« – festgesetzt.)

**1 = 8. von 6:**

- In der Initiative (1) stirbt (8) die Skepsis (6)
- Mut (1) ist der Tod (8) der Vorsicht (6)
- Durchsetzung (1) ist der Tod (8) der Rücksichtnahme (Anpassung) (6)

**1 = 9. von 5:**

- Immer wieder neu beginnen (1) ist die Philosophie (9) der Schöpfung (5)
- Kämpfen (1) heißt auf seine Kraft (5) vertrauen (9)
- Trieb (1) ist die Philosophie (9) des Sex (5)
- Krieg (1) heißt Macht (5)-Expansion (9)

**1 = 10. von 4:**

- Die Handlung (1) entspricht dem Alter (10) der Seele (4)
- (In der Tat (1) zeigt sich die Reife (10) der Seele (4))
- Wille (1) ist das Ergebnis (10) von Gefühlen (4)
- Unüberlegtheit (1) ist das Ergebnis (10) von Launen (4) (Im letzten Beispiel haben wir wieder eine Interpretation geringen Erlösungsgrades)

**1 = 11. von 3:**

- Handeln (1) heißt sich Freimachen (11) vom Diskutieren (3)
- Anfang (1) ist der Sprung aus (11) der Neutralität (3)
- Rivalität (1) ist die Aufhebung (11) von Kameradschaft (3)

**1 = 12. von 2:**

- Energie (1) ist die höchste Entwicklungsstufe (12) von Substanz (2)
- Initiative (1) heißt Loslösung (12) vom Festhalten (2)
- Krieg (1) bedeutet Auflösung (12) von Reviergrenzen (2)

## Das 2. Haus

- Element: Erde
- Tierkreiszeichen: Stier/Symbol: ♉
- Planet: Venus/Symbol: ♀
- Farbe: lehmfarben, sattbraun, saftiggrün
- Archetyp. Bild: fruchtbare, lehmige Erde, satt und behäbig
- Archetyp. Gegenstand: Der Tontopf, der Pflug, der Krug
- sozialer Archetyp: Der Bauer, der Sammler, die Horde, das Rudel
- Naturbild: Sammlung der Kräfte, Verwurzelung, Besitzergreifung vom Erdboden, Nahrungsaufnahme durch die Wurzel.
- Kernsatz: Ich habe (ich genieße, will angenommen werden, will zugehören)

**Begriffe und Bedeutungen:**
*a) abstrakt:*
Die Sammlung, das Horten, die Reserve, der Speicher, das Material, die Substanz, die Mittel, die Aufnahme, Nahrung, Einverleibung, das Besitz-Ergreifen, Verdinglichen, der Eigenwert, die Assimilation, Integration. Das Zum-Bestand-Machen, das Geld, Vermögen, die Gruppe, Horde, der Brauch.

*b) auf erlösterer Ebene:*
Zusammengehörigkeitsgefühl, körperliche Geborgenheit, Sinnlichkeit, Geschmack, Konsolidierung, Fruchtbarkeit, Solidarität, Gemütlichkeit, Bodenständigkeit, Sicherheit, Ausdauer.

*c) auf unerlösterer Ebene*
Gier, Gefräßigkeit, Plumpheit, Dumpfheit, Unbeweglichkeit, Hartnäckigkeit, Sturheit, Materialismus, Besitzdenken, Engstirnigkeit, Trägheit, Vereinnahmung anderer, Eifersucht (mit 8. Haus).

## 2. Haus, 1. Methode

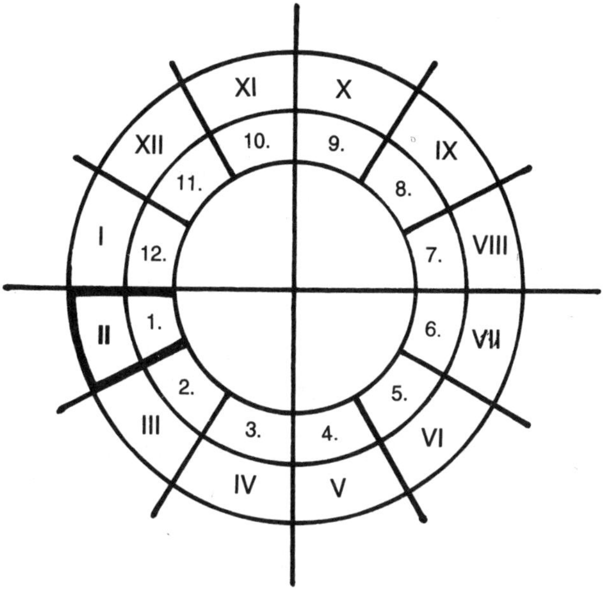


Untersuchung nach 1. Methode:

**1. von 2 = 2** (Das 1. Haus des 2. Hauses ist Haus 2):

- Die körperliche Erscheinung (1) eines Kruges (2) ist bauchig (2)
- Die Energie (1) der Nahrungsaufnahme (2) ist besitzergreifend (2)
- Die Energie (1) von Gier (2) ist dumpf (2)

**2. von 2 = 3** (Das 2. Haus des 2. Hauses ist Haus 3):
- Die sicherste (2) aller Sicherheiten (2) ist die Relativität der Dinge (3)
- Beziehungen (3) sichern (2) den Besitz (2)
- Kameradschaft (3) bedeutet gefestigtes (2) Zusammengehörigkeitsgefühl (2)

**3. von 2 = 4** (Das 3. Haus des 2. Hauses ist Haus 4):
- Emotionale Geborgenheit (4) vermittelt (3) Sicherheit (2)
- In der Hingabe (4) zeigt sich (3) die Sinnlichkeit (2)
- Familie (4) ist die Demonstration (3) von Gruppengefühl (2)

**4. von 2 = 5** (Das 4. Haus des 2. Hauses ist Haus 5):
- Lust (5) ist Hingabe (4) an den Genuß (2)
- Vitalität (5) ist die Basis (4) von Sicherheitsgefühl (2)
- Macht (5) ist die Mutter (4) des Reichtums (2)

**5. von 2 = 6:**
- Vernunft (6) strahlt (5) Solidität (2) aus
- Dienen (6) bedeutet Zusammengehörigkeitsgefühl (2) schenken (5)
- Skepsis (6) ist Ausdruck (5) von Sicherheitsbedürfnis (2)

**6. von 2 = 7:**
- Partner sein (7) heißt der Zusammengehörigkeit (2) dienen (6)
- Ästhetik (7) ist differenzierter (6) Geschmack (2)
- Balance (7) heißt Anpassung (6) an den Ruhezustand (2)

**7. von 2 = 8:**
- Fanatismus (8) verhindert (ist Gegenteil (7) von) Konsolidierung (2)

- Selbstüberwindung (8) ist der Gegner (7) von Gemütlichkeit (2)
- Bei der Beerdigung (8) sorgt der (Leichen-)Schmaus (2) für Ausgleich (7)

**8. von 2 = 9:**
- Glauben (9) heißt auf Greifbarkeit (2) verzichten (8)
- Sinnfindung (9) verlangt materielle (2) Opfer (8)
- Reisen (9) ist der Tod (8) der Verwurzelung (2)

**9. von 2 = 10:**
- Normen/Gesetze (10) sind entwickelte (9) Bräuche (2)
- Verantwortung (10) ist die Philosophie (9) der Sicherheit (2)
- Gesellschaftliche Geltung (10) hat der, der viel (9) besitzt (2)

**10. von 2 = 11:**
- Karikatur (11) ist aufs Wesentliche reduzierte (10) Form (2)
- Wo Besitzdenken (2) zur Norm wird (10), kommt es zur Revolution (11)
- Freiheit (11) ist das Ergebnis (10) von Sicherheit (2)

**11. von 2 = 12:**
- Im Kloster (12) herrscht Gleichheit (11) im Besitz (2)
- Meditation (12) sprengt (11) die Dumpfheit (2)
- In der Meditation (12) hebt man ab (11) vom Boden der Tatsachen (2)
- Wer Eigentum (2) »entpolarisiert«, (11) landet im Gefängnis (12)

**12. von 2 = 1:**
- Mut (1) ist das Aufgeben (12) von Sicherheit (2)
- Das Höchste (12), was es zu besitzen gibt (2), ist der Körper (1) (»Omnia mea mecum porto«)
- Im Egoismus (1) löst sich (12) Gruppengefühl (2) auf

## 2. Haus, 2. Methode

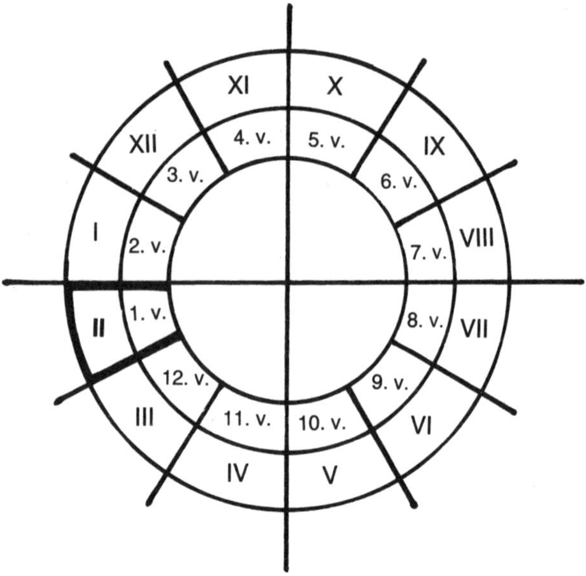


Untersuchung nach 2. Methode:

**2 = 1. von 2** (Das 2. Haus ist das 1. Haus des 2. Hauses):
- Zum Bestand machen (2) heißt konsolidieren (2) wollen (1)

**2 = 2. von 1** (Das 2. Haus ist das 2. Haus des 1. Hauses):
- Speichern (2) heißt Energie (1) horten (2)
- Gruppengefühl (2) ist dort, wo Eigenwillen (1) zurückgehalten wird (2)
- Die Sättigung (2) des Willens (1) macht träge (2)

**2 = 3. von 12** (Das 2. Haus ist das 3. Haus des 12. Hauses):
- Besitzen (2) heißt nichts (12) verteilen (3)
- Die Kenntnis (3) der Summe aller Möglichkeiten (12) gibt Sicherheit (2)
- Geborgenheit (2) ist da, wo Mitgefühl (12) vermittelt wird (3)

**2 = 4. von 11** (Das 2. Haus ist das 4. Haus des 11. Hauses):
- Eifersucht (2) ist die Mutter (4) des Seitensprungs (11)
- Gruppen (2) sind die Familie (4) für Außenseiter (11)
- Auf dem Land (2) wohnen (4) die »Alternativen« (11)

**2 = 5. von 10:**
- Die Ausstrahlung (5) von Konsequenz (10) vermittelt Sicherheit, Verantwortungsgefühl (2)
- Materialisten (2) sind Kinder (5) der Norm (10)
- Besitz (2) ist Ausdruck (5) gesellschaftlichen Erfolgs (10)

**2 = 6. von 9:**
- Substanz (2) dient (6) der Entwicklung (9)
- Sicherheitsbedürfnis (2) entsteht in Vertrauens (9)-Krisen (6)
- Besitz (2) ist die Verwertung (6) der Werbung (9)

**2 = 7. von 8:**
- Besitzen (2) und Verzichten (8) ergänzen sich (7)
- Einverleibung (2) ist das Gegenteil (7) von Ausscheidung (8)
- Konsolidierung (2) ist das Gegenteil (7) von Wandlung (8)

**2 = 8. von 7:**
- Ruhe (2) ist extreme (8) Balance (7)
- Hartnäckigkeit (2) ist der Verzicht (8) auf Diplomatie (7)
- Besitzansprüche (2) sind der Tod (8) jeder Partnerschaft (7)

**2 = 9. von 6:**

- Gruppengefühl (2) dynamisiert (9) den Arbeitsprozeß (6)
- Materialismus (2) ist die Philosophie (9) des Nutz- und Zweckdenkens(6)
- Sicherheitsstreben (2) ist die Philosophie (9) vernünftiger Anpassung (6)

**2 = 10. von 5:**

- Genuß (2) ist das Ziel (10) der Lust (5)
- Anziehung (2) ist das Ergebnis (10) von Ausstrahlung (5)
- Bindung (2) ist das Ergebnis (10) der Sexualität (5)

**2 = 11. von 4:**

- Stabilität (2) meint Freiheit (11) von Launen (4)
- Eifersucht (2) ist die Aufhebung (11) von Gefühlen (4)
- Wer sich von der Familie (4) freimacht (11), muß sich selbst um Nahrung kümmern (2)

**2 = 12. von 3:**

- In der Sattheit (2) löst sich (12) die Neugier (3) auf (»plenus venter non studet libenter, ein voller Bauch studiert nicht gern.«)
- Gruppensinn (2) ist die höchste Stufe (12) der Kameradschaft (3)
- Bei sinnlicher Nähe (2) verliert sich (12) die Sprache (3)

## Das 3. Haus

- Element: Luft
- Tierkreiszeichen: Zwilling/Symbol: ♊
- Planet: Merkur/Symbol: ☿
- Farbe: hellgelb, postgelb
- Archetyp. Bild: pollen(informations-)schwangere Frühsommerluft
- Archetyp. Gegenstand: Der Brief (die Zeitung)
- sozialer Archetyp: Der Händler, der Bote (der Journalist)
- Naturbild: Verzweigung und Verästelung im Pflanzenbereich, Blattatmung, Kontaktaufnahme mit der Umwelt, Bestäubung
- Kernsatz: Ich teile mit, bin interessiert, denke, spreche, informiere

**Begriffe und Bedeutungen:**

*a) abstrakt:*

Die Information, Botschaft, Mitteilung, Vermittlung, Austausch, Bezeichnung, Begriff, Name, Wort, Sprache, Verbalisierung, Beziehung, Handel, Relativität, Neutralität, Interesse, die Funktion, das Instrument, Verständigung, Kommunikation, Relation, Hinweis, die Medien, die kleine Reise, die Erkundung, die Demonstration nach außen.

*b) auf erlösterer Ebene:*

Die Brüderlichkeit, die Kameradschaft, Nachbarschaft, die Heiterkeit, der Wissensdrang, die Offenheit, Beweglichkeit, Vielseitigkeit, Kontaktbereitschaft, Ansprechbarkeit, Flexibilität.

*c) auf unerlösterer Ebene:*

Oberflächlichkeit, Neugier, Geschwätzigkeit, Schnippigkeit, Schläue, Ungläubigkeit, Unstetheit, Zerstreutheit, Intellektualismus, Rastlosigkeit, Listigkeit.

### 3. Haus, 1. Methode

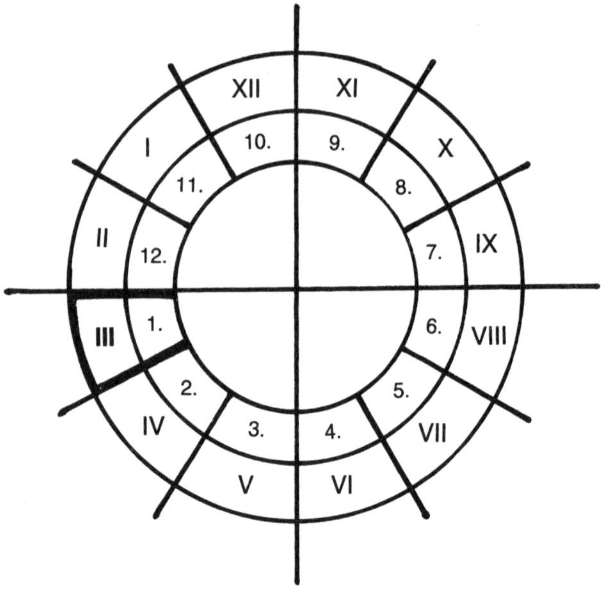


Untersuchung nach 1. Methode:

**1. von 3 = 3** (Das 1. Haus des 3. Hauses ist Haus 3):
- Offenheit (3) ist der Wille (1) zum Austausch (3)
- Der Beginn (1) von Beziehung (3) ist Interesse (3)
- Die Aktivität (1) der Medien (3) liegt in der Vermittlung (3)

**2. von 3 = 4** (Das 2. Haus des 3. Hauses ist Haus 4):
- Die Substanz (2) der Kommunikation (3) liegt im Einfühlungsvermögen (4)
- Familie (4) ist gesicherte (2) Beziehung (3)
- Eindruck (4) ist gesammelte (2) Information (3)

**3. von 3 = 5** (Das 3. Haus des 3. Hauses ist Haus 5):
- Lust (5) zeigt sich (3) in Heiterkeit (3)
- Der Selbstbewußte (5) nimmt Gerede (3) nicht ernst (3)
- Macht (5) ist Demonstration (3) von Offenheit (3)

**4. von 3 = 6** (Das 4. Haus des 3. Hauses ist Haus 6):
- Analyse (6) ist die Basis (4) des Denkens (3)
- Berechnung (6) ist die Basis (4) von Geschäftsbeziehungen (3)
- Berechnung (6) ist die Mutter (4) der List (3)

**5. von 3 = 7:**
- Charme (7) ist verspielte (5) Beziehung (3)
- Diplomatie (7) ist Ausdruck (5) von Vermittlung (3)
- Ergänzung (7) ist das Schöpferische (5) einer Beziehung (3)

**6. von 3 = 8:**
- Opferbereitschaft (8) dient (6) der Kameradschaft (3)
- Perfektionismus (8) hat Angst (6) vor der Relativität der Dinge (3)
- Fanatismus (8) mißtraut (6) der Offenheit (3)

**7. von 3 = 9:**
- Werbung (9) ist schön verpackter (7) Handel (3)
- Optimismus (9) ist die Begegnung (7) mit der Heiterkeit (3)
- Religiosität (9) ist eine Herausforderung (7) für den Journalismus (3)

**8. von 3 = 10:**
- Ehrgeiz (10) ist der Tod (8) der Kameradschaft (3)
- In der Ernsthaftigkeit (10) wandelt sich (8) Oberflächlichkeit (3)

- In der Beschränkung auf Wesentliches (10) stirbt (8) die Vielseitigkeit (3)

**9. von 3 = 11:**
- Freiheit (11) ist das Vertrauen auf die Relativität der Dinge (3)
- Der Sinn (9) des Denkens (3) liegt in der neuen Idee (11) Erfindung (11)
- Der Karneval (11) wirbt (9) für die Heiterkeit (3)

**10. von 3 = 12:**
- Selbstaufgabe (12) ist das Ziel (10) der Brüderlichkeit (3)
- Meditation (12) ist konzentrierte (10) Offenheit (3)
- Einsamkeit (12) ist das Ergebnis (10) von Ungläubigkeit (3)

**11. von 3 = 1:**
- Entscheidungen (1) treffen, heißt die Neutralität (3) aufgeben (11)
- Handeln (1) unterbricht (11) debattieren (3)
- Rivalität (1) ist die Aufhebung (11) der Kameradschaft (3)

**12. von 3 = 2:**
- Sicherheit (2) ist erlöster (12) Zweifel (3)
- In der Gruppenzugehörigkeit (2) verliert (12) man seine Neutralität (3)
- Sturheit (2) ist Verlust (12) von Flexibilität (3)

## 3. Haus, 2. Methode

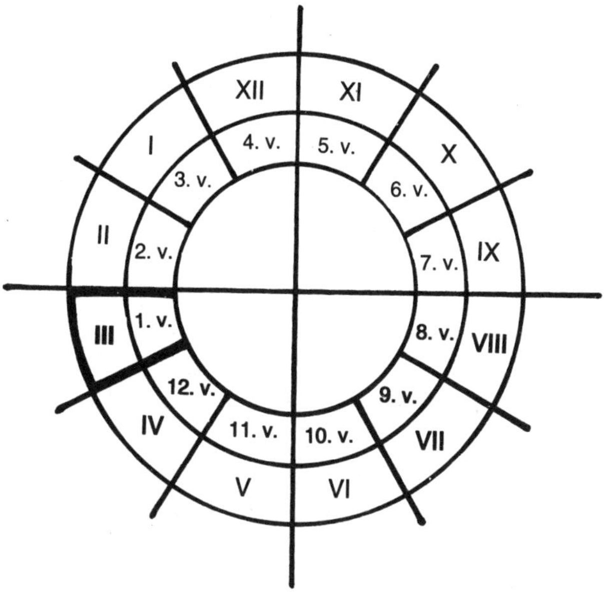


Untersuchung nach 2. Methode:

**3 = 1. von 3** (Das 3. Haus ist das 1. Haus des 3. Hauses):
- Sprache (3) ist der Impuls (1) zur Kontaktaufnahme (3)

**3 = 2. von 2** (Das 3. Haus ist das 2. Haus des 2. Hauses):
- Gedanken (3) sind ureigenster (2) Besitz (2)
- Der Sicherheitswert (2) des Eigentums (2) liegt in seiner Tauschbarkeit (3)
- Der Ungläubige (3) klammert (2) am Besitz (2)

**3 = 3. von 1** (Das 3. Haus ist das 3. Haus des 1. Hauses):
- Information (3) ist Vermittlung (3) von Impulsen (1)
- Geschwätzigkeit (3) ist Zersplitterung (3) von Energie (1)
- Begriffe (3) sind Bezeichnungen (3) der körperlichen Erscheinung (1)

**3 = 4. von 12** (Das 3. Haus ist das 4. Haus des 12. Hauses):
- Neutral (3) ist das Gefühl (4) der Weisen (12)
- Das Telefon (3) ist das Zuhause (4) der Einsamen (12)
- Oberflächlichkeit (3) ist die Mutter (4) aller Täuschung (12)

**3 = 5. von 11:**
- Heiterkeit (3) ist Ausdruck (5) von Freiheit (11)
- Worte (3) sind gezeugte (5) Ideen (Einfälle) (11)
- Rastlosigkeit (3) ist Ausdruck (5) von Sprunghaftigkeit (11)

**3 = 6. von 10:**
- Eloquenz (3) dient (6) der gesellschaftlichen Anerkennung (10)
- Flexibilität (3) zeigt sich in der Anpassung (6) an das Unverrückbare (10)
- Journalismus (3) dient (6) der Öffentlichkeit (10)

**3 = 7. von 9:**
- Neutralität (3) ist die Alternative (7) zur Wertung (9)
- Offenheit (3) ergänzt (7) Engagement (9)
- Dem, der zuviel redet, (3) fehlt oft (Gegensatz = 7) das Vertrauen (9)

**3 = 8. von 8:**
- Offenheit (3) ist der Tod (8) jedes Fanatismus (8)
- List (3) drückt sich um (8) Opfer (8)
- Oberflächlichkeit (3) ist der Tod (8) der Metamorphose (8)
- Unter Sauerstoff (3) stirbt (8) die Gärung (8)

**3 = 9. von 7:**

- Austausch (3) ist Vertrauen (9) auf Ausgleich/Ergänzung (7)
- In der Botschaft (3) liegt der Sinn (9) der Begegnung (7)
- Der Sinn (9) des Flirts (7) liegt in der Kontaktaufnahme (3)

**3 = 10. von 6:**

- Das Funktionieren (3) ist das Ziel (10) der Methode (6)
- In der Formulierung (3) zeigt sich das Format (10) der Analyse (6)
- Ungläubigkeit (3) ist das Ergebnis (10) von Mißtrauen (6)

**3 = 11. von 5:**

- Brüderlichkeit (3) ist die Aufhebung (11) von Dominanz (5)
- Heiterkeit (3) ist die freieste Form (11) von Ausstrahlung (5)
- Schnippigkeit (3) ist die Karikatur (11) von Selbstbewußtsein (5)

**3 = 12. von 4:**

- Sich neutral verhalten (3) ist die höchste Entwicklungsstufe (12) von Einfühlung (4)
- Offenheit (3) entsteht, wo Gefühle (4) transzendiert (12) werden
- Wahrer Journalismus (3) ist losgelöst (12) von Vorlieben (4)

# Das 4. Haus

- Element: Wasser
- Tierkreiszeichen: Krebs/Symbol: ♋
- Planet: Mond/Symbol: ☽
- Farbe: Silber, eierschalenfarben, Pastelltöne
- Archetyp. Bild: Die Quelle, das Urmeer, der See im Mondlicht
- Archetyp. Gegenstand: Die Wiege, der Korb, das Bett
- sozialer Archetyp: Die Mutter (Familie, Volk), assistierende Pflegeberufe
- Das Naturbild: Fruchtbildung (Schwangerschaft) in der Natur, Empfängnis, Arterhaltung, saftige Vegetation
- Kernsatz: Ich fühle (empfange, gebe mich hin, erwarte)

**Begriffe und Bedeutungen:**

*a) abstrakt:*

Das ewig Gebärende und Verschlingende, die Mutter, die Wiege, der Urgrund, der Quell, die Familie, die Heimat, Milieu, Herkunft, Basis, Fundament, Ursprung, Schoß, Höhle, das Aufnehmende, Weiche, das Ei, die Natur, das Periodische, die Wiederspiegelung, Reflexion, Atmosphäre, Stimmung, Situation, Augenblick, Moment, die Psyche, die Erwartung(-shaltung), die Nacht.

*b) auf erlösterer Ebene:*

Hingabefähigkeit, Einfühlungsvermögen, Beeindruckbarkeit, Aufnahmefähigkeit, Anpassungsfähigkeit, Mutterliebe, Fruchtbarkeit, Fähigkeit Trost zu spenden, Augenblicksnähe, Situationsnähe, Gefühlsreichtum, Naivität (im positiven Sinn).

c.) *auf unerlösterer Ebene:*

Launenhaftigkeit (Luna!), Unselbständigkeit, »Mitmacherei«, Beeinflußbarkeit, Abhängigkeit, Unordnung, Haltlosigkeit,

Rührseligkeit, Unpünktlichkeit, Dummheit (Naivität im negativen Sinn), Beleidigtsein.

## 4. Haus, 1. Methode

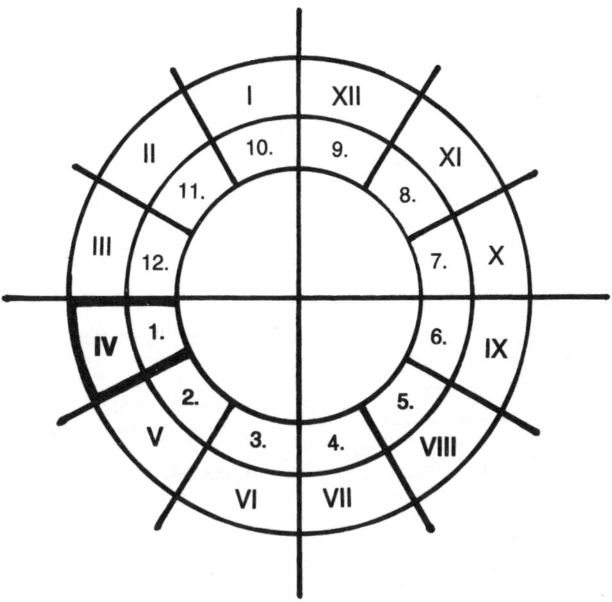

Untersuchung nach 1. Methode:

**1. von 4 = 4:**

- Der Körper (1) der Frau (4) ist aufnehmend (4)
- Die Energie (1) des Gefühls (4) ist wechselhaft/periodisch (4)
- Der Körper (1) der Natur (4) ist vergänglich (4)

**2. von 4 = 5:**

- Wer die Familie (4) festigen (2) möchte, muß zeugen (5)
- An der Mutterbrust (4) sich nähren (2) bereitet Lust (5)
- Zeugung (5) erhält (2) die Natur (4)
- Die Substanz (2) von Atmosphäre (4) liegt in der Ausstrahlung (5)

**3. von 4 = 6:**

- Mutterliebe (4) zeigt sich (3) in Sorgsamkeit/Angst (6)
- Fruchtbarkeit (4) zeigt sich (3) in der Erntezeit (6)
- In der Kameradschaft (3) von Frauen (4) herrscht Skepsis (6)

**4. von 4 = 7:**

- Harmonie (7) entsteht in der Hingabe (4) an den Augenblick (4)
- Schönheit (7) ist die Basis (4) von Atmosphäre (4)
- Verführung (7) ist das Fundament (4) der Weiblichkeit (4) (Partnerschaft (7) ist das Fundament der Frau)

**5. von 4 = 8:**

- Opferbereitschaft (8) ist Ausdruck (5) von Mütterlichkeit (4)
- Die Sexualität (5) der Frau (4) ist verschlingend (8)
- Die Lebenskraft (5) der Frau (4) ist durch Zähigkeit (8) gekennzeichnet

**6. von 4 = 9:**

- Die Sorge (6) der Mutter (4) gilt der Entwicklung (9)
- Reisen (9) verlangt Anpassung (6) an die Mentalität (4) (des Gastlandes)
- Unselbständigkeit (4) mißtraut (6) dem Optimismus (9)

**7. von 4 = 10:**

- Gesellschaftliche Anerkennung (10) befriedet (7) die Frau (4) (denn unerlöst steht Weiblichkeit (4) im Gegensatz (7) zu gesellschaftlicher Anerkennung (10))
- Die Frau (4) sucht in der Partnerschaft (7) Halt (10)
- Verbote (10) fordern (7) Gefühle (4) heraus

**8. von 4 = 11:**

- Im Freiheitsbedürfnis (11) stirbt (8) die Anhänglichkeit (4)
- Exzentrik (11) ist Gift (8) für das Gefühl (4)
- Revolutionäre (11) sind des Volkes (4) Tod/oder Wandlung (8)

**9. von 4 = 12:**

- Geheimnisvoll (12) ist die Philosophie (9) des Weibes (4)
- Weise (12) ist die Evolution (9) der Natur (4)
- Ozeanisch (12) ist die Weite (9) des Meeres (4)

**10. von 4 = 1:**

- Ziel (10) der Natur (4) ist der Beginn eines neuen Zyklus (1)
- Konzentrierte (10) Gefühle (4) durchdringen alles (1)
- Eine ehrgeizige (sozial engagierte) (10) Frau (4) ist ein wilder Krieger/Amazone (1)

**11. von 4 = 2:**

- Genuß (2) ist ein besonderes (11) Gefühl (4)
- Die Idee (11) der Fortpflanzung (4) liegt in der Schaffung von Substanz (2)

• Durch Eifersucht (2) werden Gefühle (4) aufgehoben (11)

**12. von 4 = 3:**

• Neutralität (3) ist erlöste (12) Emotion (4)
• Gefühle (4) verlieren sich (12) in der Sprache (3)
• Technik (3) bleibt dem Weib (4) verborgen (12)

## 4. Haus, 2. Methode

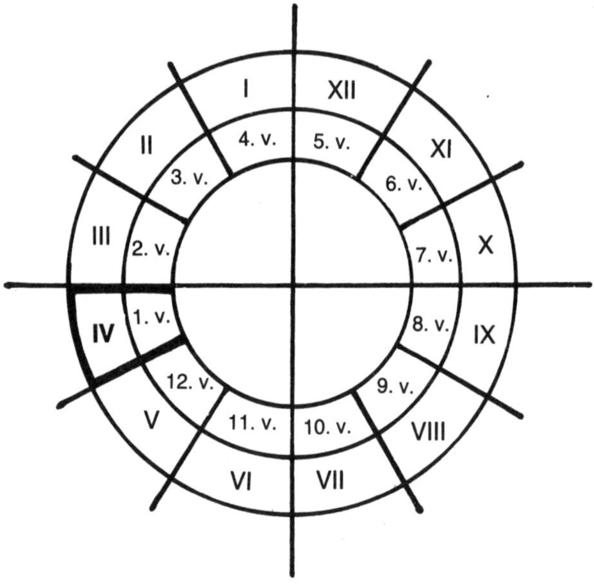

Untersuchung nach 2. Methode:

**4 = 1. von 4:**
- Stimmung/Atmosphäre (4) ist die Energie (1) des Moments (4)

**4 = 2. von 3:**
- Das Gen (4) ist gesammelte (2) Information (3)
- Heimat (4) ist das »Revier« (2) der nahen Umgebung (3)
- Dummheit (4) ist Trägheit (2) der Gedanken (3)

**4 = 3. von 2:**
- Mutter sein (4) heißt Nahrung (2) vermitteln (3)
- Hingabe (4) ist Vermittlung (3) von Eigenem (2)
- Atmosphäre (4) ist demonstrierter (3) Geschmack (2)

**4 = 4. von 1:**
- Der Mutterschoß (4) ist der Ursprung (4) allen Neubeginns (1)
- Beeindruckbarkeit (4) ist eine Energie (1)-quelle (4)
- Reflexion (4) ist die Widerspiegelung (4) eines Impulses (1)

**4 = 5. von 12:**
- In der Natur (4) drückt sich (5) die Summe aller Möglichkeiten (12) aus
- Einfühlungsvermögen (4) ist ein Kind (5) der Selbstlosigkeit (12)
- Das »Ewig-Weibliche« (4) strahlt (5) den Zauber des Unfaßbaren (12) aus

**4 = 6. von 11:**
- Die Periode (4) dient (6) der Erneuerung (11)
- Familienleben (4) verlangt vernünftige Anpassung (6) individueller Freiheitsbedürfnisse (11)

- Unselbständigkeit (4) ist Angst (6) vor Freiheit (11)

**4 = 7. von 10:**
- Hingabe (4) und Haltung (10) ergänzen einander (7)
- Stimmungen (4) sind nicht Gegensatz (7) konsequent (10)
- Privatleben (4) und Öffentlichkeit (10) sind Gegensätze (7)

**4 = 8. von 9:**
- Familie (4) ist der Tod (8) persönlicher Expansion (9)
- Im Zuhause (4) wird die Reiselust (9) aufgeopfert (8)
- Abhängigkeit (4) ist abgestorbenes (8) Vertrauen (9)

**4 = 9. von 8:**
- Hingabe (4) ist die Philosophie (9) der Selbstaufopferung (8)
- Die Natur (4) vertraut (9) auf das Stirb u. Werde/Metamorphose (8)
- Natur (4) ist sich entwickelnde (9) Vergänglichkeit (8)

**4 = 10. von 7:**
- Seelische Geborgenheit (4) ist die Zielsetzung (10) der Partnerschaft (7)
- Das Ziel (10) der Verführung (7) ist seelisch zu beeindrukken (4)
- Wahre Naivität (4) ist Ergebnis (10) innerer Harmonie (7)

**4 = 11. von 6:**
- Hingabe (4) ist frei (11) von Nutz und Zweck (6)
- Das Weibliche (4) ist der Sprung (11) in/aus der Logik (6)
- Unordnung (4) ist die Aufhebung (11) von Methodik (6)

**4 = 12. von 5:**
- Einfühlungsvermögen (4) ist die höchste Stufe (12) von Autorität (5)

- Tränen (4) sind heimliche (12) Machtausübung (5)
- Gefühle (4) stehen bei Machthabern (5) im Hintergrund (12)

## Das 5. Haus

- Element: Feuer
- Tierkreiszeichen: Löwe/Symbol: ♌
- Planet: Sonne/Symbol: ☉
- Farbe: golden, weiß, leuchtende, strahlende Farben (Rot-Gelb-Töne)
- Archetyp. Bild: Die Glut (in sich ruhendes Feuer), die Sonne
- Archetyp. Gegenstand: Das Szepter, die Krone, der Phallus, Obelisk
- sozialer Archetyp: Der König (Repräsentant), der Schöpfer
- Kernsatz: Ich bin (präsentiere mich, strahle aus, führe)

**Begriffe und Bedeutungen:**

*a) abstrakt:*

Die Zeugung, Potenz, Ausstrahlung, Ausdruck, Präsentation, Repräsentation, Schöpfung, Macht, Pracht, Farbe, Souveränität, Dominanz, Autorität, (Außen-)Wirkung, Gestaltung, das Licht, der Tag, das Spiel, die Lust, die Sexualität (als Liebesabenteuer), die Kinder, die Ruhende Kraft, die Wärme, das Männliche.

*b) auf erlösterer Ebene:*

Selbstbewußtsein, Risikofreude, Experimentierfreude, Kreativität, Vitalität, Lebendigkeit, Herzlichkeit, Unbekümmertheit, Unmittelbarkeit, Großmut, Souveränität, Organisationsgabe, Führungsqualität, Selbständigkeit.

*c) auf unerlösterer Ebene:*

Selbstüberschätzung, Überheblichkeit, Dominanzgehabe, Selbstgefälligkeit, unguter Stolz, Herrschsucht, Eigenliebe, Verschwendung, Einzelgängertum, Gruppenfeindlichkeit.

## 5. Haus, 1. Methode

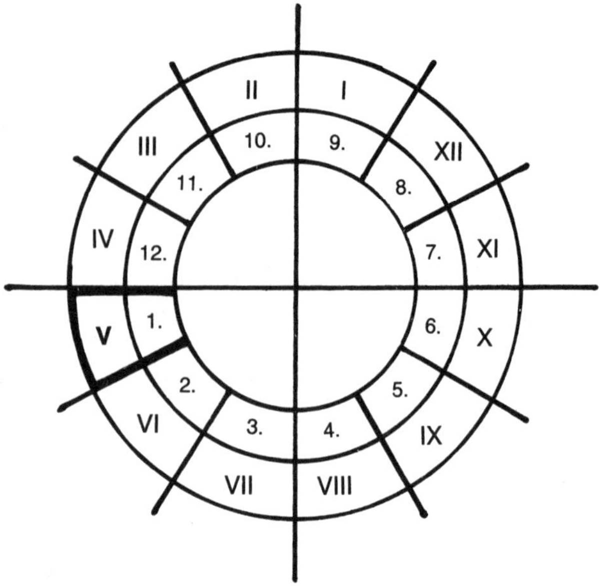


Untersuchung nach 1. Methode:

**1. von 5 = 5:**

- Die Energie (1) der Schöpfung (5) ist spielerisch (5)
- Risikofreude (5) ist der erste Impuls (1) zur Kreativität (5)
- Herrschsucht (5) ist triebhafte (1) Machtausübung (5)

**2. von 5 = 6:**

- Die Substanz (2) der Gestaltung (5) liegt in der Fähigkeit zur Unterscheidung (6)
- Vorsicht (6) ist das Bewahren (2) der Lebenskraft (5)
- Die Sicherheit (2) der Mächtigen (5) liegt in ihrer Dienerschaft (6)

**3. von 5 = 7:**

- Souveränität (5) zeigt sich nach außen (3) als Friedfertigkeit (7)
- Wer verführen möchte (7), sollte sich großzügig (5) zeigen (3)
- Partnerschaft (7) ist Austausch (3) von Vitalität/Sex (5)

**4. von 5 = 8:**

- Wandlungsfähigkeit (8) ist die Basis (4) für Lebendigkeit (5)
- Was abstirbt, (8) wird zum Mutterboden (4) neuen Lebens (5)
- In hingebungsvoller (4) Sexualität (5) stirbt das Ego (8)

**5. von 5 = 9:**

- Entwicklung (9) ist Ausdruck (5) der Schöpfungskraft (5)
- Leben (5) schafft (5) Synthesen (9)
- Optimismus (9) ist die Ausstrahlung (5) von Risikofreude (5)

**6. von 5 = 10:**

- Form (10) dient (6) der Gestaltung (5)
- Der Nutzen (6) der Macht (5) liegt in der gesellschaftlichen Anerkennung (10)
- Konzentration (10) ist ausgesteuerte (6) Kraft (5)

**7. von 5 = 11:**

- Einfallsreichtum (11) fordert (7) Gestaltung (5) heraus
- Freiheit (11) ist die Partnerin (7) der Selbstbewußten (5)
- Frei zu sein (11), ist eine Herausforderung (7) für die Männlichkeit (5)

**8. von 5 = 12:**

- Im Kloster (12) wird die Sexualität (5) einer Metamorphose (8) unterworfen

- Im Alleinsein (12) wandelt sich (8) das Selbstgefühl (5)
- Weisheit (12) heißt auf Machtausübung (5) verzichten (8) (5)

**9. von 5 = 1:**
- Auf das Leben (5) vertrauen (9) heißt handeln (1)
- Der Sinn (9) des Zeugens (5) liegt im Beginn eines Neuen Zyklus (1)
- Die Tat (1) ist die Philosophie (9) der Mächtigen

**10. von 5 = 2:**
- Reviere (2) sind Macht (5)-Grenzen (10)
- Besitz (2) ist Ergebnis (10) von Macht (5)
- Ein voller Bauch (2) setzt der Ausstrahlung (5) Grenzen (10) (Dazu ein bayer. Sprichwort: »Ein guter Gockel wird nicht fett«)

**11. von 5 = 3:**
- Neutralität (3) ist aufgehobene (11) Ausstrahlung (5)
- Definition (3) befreit von (11) Spekulation (5)
- Geschwätz (3) ist die Flucht (11) vor der Risikobereitschaft (5)
- Kameradschaft (3) ist frei (11) von Sexualität (5)

**12. von 5 = 4:**
- Weiblichkeit (4) heißt Aufgabe (12) von Machtansprüchen (5)
- Die höchste Entwicklungsstufe (12) zu leben (5) heißt, sich hinzugeben (4) (Eins mit der Natur sein(4))
- Der Mann (5) verliert sich (12) in der Frau (4)

## 5. Haus, 2. Methode

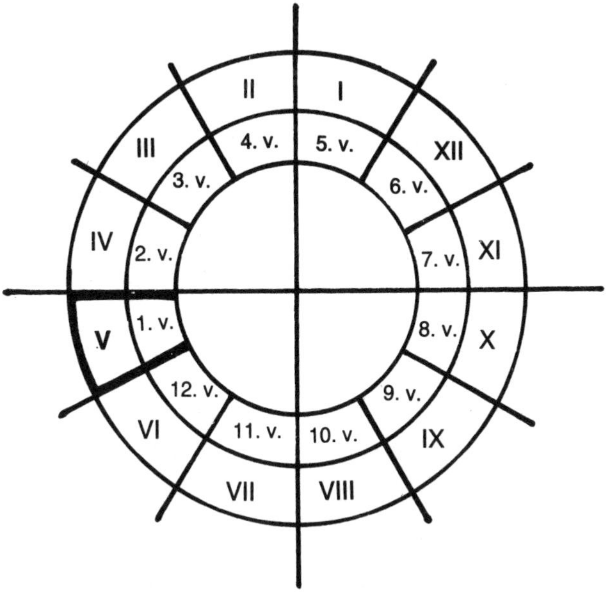


Untersuchung nach der 2. Methode:

**5 = 1. von 5:**

- Zeugung (5) ist der Beginn (1) der Schöpfung (5)

**5 = 2. von 4:**

- Sexualität (Spiel) (5) ist genießerische (besitzergreifende) (2) Hingabe (4)
- Souveränität (5) ist Gefühls (4)-Sicherheit (2)
- Ausstrahlung (5) ist bewahrte (2) Natürlichkeit (4)

**5 = 3. von 3:**

- Zeugen (5) heißt Information (3) vermitteln (3)
- Die Kenntnis (3) von der Relativität der Dinge (3) macht risikofreudig/lebendig (5)
- Spekulation (5) ist der Handel (3) mit der Relativität (3)

**5 = 4. von 2:**

- Sexualität (5) ist ein Gefühl (4) von Zusammengehörigkeit (2)
- Sexualität ist die Hingabe (4) an die Sinnlichkeit (2)
- Kreativität (5) ist die Mutter (4) des Geschmacks (2)
- Sex (5) ist der Ursprung (4) von Besitzansprüchen/Eifersucht (2)

**5 = 5. von 1:**

- Schöpfung (5) ist ein Kind (5) der Tat (1)
- Ausstrahlung (5) ist spielerisches (5) Tun (1)
- Sexualität (5) ist Ausdruck (5) von Urenergien (1)

**5 = 6. von 12:**

- Schöpfung (5) ist Dienst (6) an der Summe aller Möglichkeiten (12)
- Gestaltung (5) verwertet (6) Potenzen (12)
- Spielen (5) heißt nichts (12) bezwecken (6)

**5 = 7. von 11:**

- Ideen (11) fordern (7) Gestaltung (5) heraus
- Wahre Macht (5) begegnet anderen (7) mit Freiheit, Gleichheit und Brüderlichkeit (11)
- Triebhaftigkeit (5) ist Un(7)-Freiheit (11)

**5 = 8. von 10:**

- In der Kreativität (5) stirbt (8) das Genormte (10)
- Im Trieb (5) stirbt (8) die Selbstbeherrschung (10)

- Großzügigkeit (5) ist der Tod (8) des Geizes (10)

**5 = 9. von 9:**
- Selbstbewußtsein (5) ist entwickeltes (9) Vertrauen (9)
- Spiel (5) ist das Weltbild (9) der Optimisten (9)
- Risikofreude (5) heißt auf die Entwicklung (9) vertrauen (9)

**5 = 10. von 8:**
- Lebenslust (5) ist das Ergebnis (10) von Wandlungsfähigkeit (8)
- (Neu-)Schöpfung (5) ist die Zielsetzung (10) des Zerfalls (8)
- Herrschsucht (5) ist das Ziel (10) von Fanatikern (8)

**5 = 11. von 7:**
- Schöpfung (5) ist die Aufhebung (11) eines Gleichgewichtszustandes (7)
- Wer führen will (5), muß sich von Handlungsschwäche (7) freimachen (11)
- Ausstrahlung (Licht) (5) ist außergewöhnlich (11) attraktiv (7)

**5 = 12. von 6:**
- Jemanden zu führen/ihm Kraft zu schenken (5) ist die höchste Entwicklungsstufe (12), ihm zu dienen (6)
- Selbstbewußtsein (5) ist transzendierte (12) Skepsis (6)
- Arroganz (5) ist versteckte (12) Angst (6)

# Das 6. Haus

- Element: Erde
- Tierkreiszeichen: Jungfrau/Symbol: ♍
- Planet: Merkur/Symbol: ☿
- Farbe: grau, anthrazit, braun, sandfarben, beige
- Archetyp. Bild: labile Erde, Sand
- Archetyp. Gegenstand: Der Zirkel (das Meßinstrument)
- sozialer Archetyp: Der Beamte, der Arzt, der Lehrer, Wissenschaftler
- Naturbild: Sicherung der Lebenskräfte, letzte Differenzierung der Form (Verästelung), der »letzte Schliff« in der körperlichen Entwicklung, Erntezeit
- Kernsatz: Ich analysiere, beobachte kritisch, plane vernünftig, passe an

**Begriffe und Bedeutungen:**

*a) abstrakt:*

Die Analyse, Spezialisierung, Rationalisierung, Methode, Beobachtung, Unterscheidung, Überprüfung, Kalkulation, Berechnung, Auswertung, Aufbereitung, Verwertung, Nutz- u. Zweckdenken, Vernunft, Vorsicht, Akribie, Exaktheit, Differenzierung, Pädagogik, Restauration, Warnung, Anpassung an Umweltbedingungen, Hygiene, Sterilität, Arbeitsplatz, Benehmen, Manieren, Pflege, Dienst, Logik.

*b) auf erlösterer Ebene:*

Genauigkeit, Präzision, Sorgsamkeit, Überlegtheit, Vernünftigkeit, Liebe für's Detail, Sparsamkeit, Sauberkeit, Dienstbarkeit, Gründlichkeit, Pflichtbewußtsein, Verläßlichkeit, Zweckmäßigkeit, Situationsadäquatheit, Wirtschaftlichkeit, Klugheit.

*c) auf unerlösterer Ebene:*

Ängstlichkeit bis Angst, Pedanterie, Bürokratismus, Kritiksucht, Nörgelei, Besserwisserei, Lehrmeisterei, Pessimismus, Berechnung, Opportunismus, Unterwürfigkeit, Kriecherei, Formalismus, Skepsis, Mißtrauen, Reinlichkeitswahn.

## 6. Haus, 1. Methode

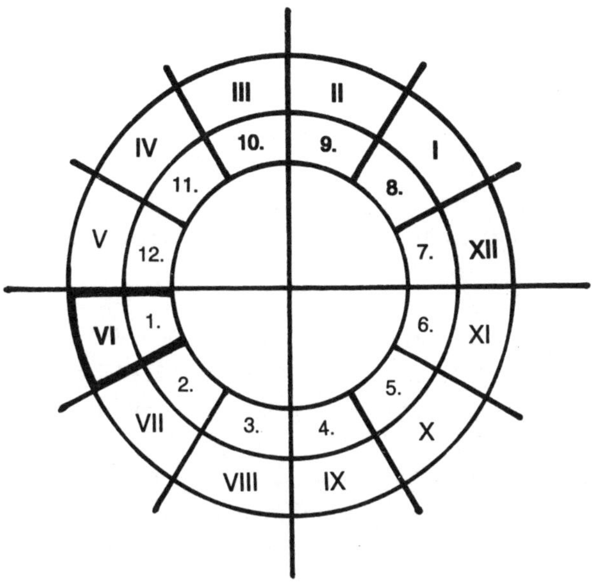

Untersuchungen nach 1. Methode:

**1. von 6 = 6:**
- Der erste Schritt (1) zur Verwertung (6) ist Aufbereitung
- Der erste Schritt (1) zur Methode (6) ist die Analyse (6)
- Skepsis (6) ist der Beginn (1) von Angst (6)

**2. von 6 = 7:**
- Die Substanz (2) der Anpassung (6) liegt in der Kompromißbereitschaft (7)
- Diplomatie (7) ergibt Gruppengefühl (2) am Arbeitsplatz (6)
- Charme (7) ist sinnliches (2) Anpassungsverhalten (6)

**3. von 6 = 8:**
- Metamorphose (8) ist Austausch (3) von Verhaltensmustern (6)
- Tod (8) vermittelt (3) Angst (6)
- Dienstbarkeit (6) zeigt sich (3) in Opferbereitschaft (8)

**4. von 6 = 9:**
- Evolution (9) ist die Basis (4) der Differenzierung (6)
- Glauben (9) ist die Mutter (4) von Verhaltensmustern (6)
- Wer missioniert, (9) verursacht (gebiert) (4) Mißtrauen (6)

**5. von 6 = 10:**
- Format (10) ist Ausdruck (5) von Benehmen (6)
- Die Kreativität (5) der Logik (6) liegt in ihrer Zielsetzung (10)
- Gesetze (10) sind Ausdruck (5) vernünftiger Aussteuerung (6)

**6. von 6 = 11:**
- Genialität (11) ist die Ernte (6) von Gründlichkeit (6)

- Karikatur (11) ist die Differenzierung (6) im Speziellen (6)
- Frei sein (11) heißt sich situationsadäquat (6) anpassen (6)

**7. von 6 = 12:**
- Vernunft (6) wird durch Phantasie (12) ergänzt (7)
- Meditation (12) fordert (7) Skeptiker (6) heraus
- In tiefer Versenkung (12) begegnet man (7) der Angst (6)

**8. von 6 = 1:**
- Wo Ängstlichkeit (6) abstirbt (8), werden Taten (1) möglich
- Spontaneität (1) ist der Tod (8) von Manierlichkeit (6)
- Initiativkraft/Mut (1) ist der Tod (8) der Risikoarmut (6)

**9. von 6 = 2:**
- Positivismus/Materialismus (2) ist die Philosophie (9) der Skeptiker (6)
- Broterwerb (2) ist der Sinn (9) der Arbeit (6)
- Solidarität (2) ist die beste Werbung (9) für (präzise) Arbeit (6)

**10. von 6 = 3:**
- Ziel (10) der Pädagogik (6) ist Wissensvermittlung (3)
- Gesetz (10) des wissenschaftlichen Denkens (6) ist Neutralität (3)
- Information (3) ist das Ergebnis (10) von Recherchen (6)

**11. von 6 = 4:**
- Hingabe (4) heißt sich freimachen (11) von Verstandeskontrolle (6)
- Der Mitläufer (4) schlägt die Skepsis (6) in den Wind (11)
- Launenhaftigkeit (4) ist die Aufhebung (11) vernünftiger Anpassung (6)

**12. von 6 = 5:**

- Spielen (5) heißt Nutz- und Zweckdenken (6) transzendieren (12)
- Die höchste Entwicklungsstufe (12) jemandem zu dienen (6), heißt ihn zu führen (5)
- Orgasmus (5) ist Kontroll (6)-Verlust (12).

## 6. Haus, 2. Methode

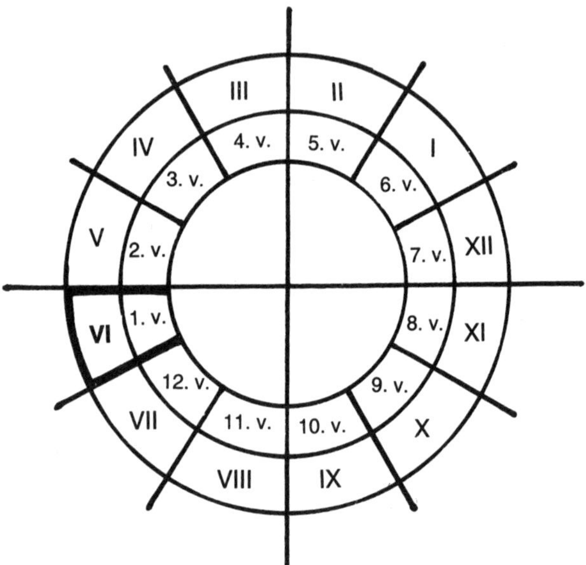

Untersuchung nach 2. Methode:

**6 = 1. von 6:**

- Skepsis (6) ist der Impuls (1) zur Analyse (6)

**6 = 2. von 5:**

- Sparsamkeit (6) ist das Bewahren (2) von Energie (5)
- Der Ängstliche (6) klammert (2) am Leben (5)
- Der Opportunist (6) nährt sich (2) vom Mächtigen (5)

**6 = 3. von 4:**

- Beobachtung (6) ist das begriffliche Erfassen (3) von Situationen (4)
- Dienen (6) heißt seelische Geborgenheit (4) vermitteln (3)
- Sterilität (6) ist neutralisierte (3) Fruchtbarkeit (4)

**6 = 4. von 3:**

- Angst (6) ist der Ursprung (4) der Neugier (3)
- exakte Beobachtung (6) ist eine Nachrichten (3)-Quelle (4)
- Vorsicht (6) ist die Mutter (4) der Unverbindlichkeit (3) (Hier würde auch der Ausspruch: »Vorsicht (6) ist die Mutter (4) der Porzellankiste (3)« passen, da das dritte Haus/analog Zwilling als labilem Luftzeichen zu den fragilsten des Tierkreises gehört.)

**6 = 5. von 2:**

- Benehmen (6) ist Ausdruck (5) von Gruppensinn (2)
- Opportunismus (6) ist Ausdruck (5) von Materialismus (2)
- Ein guter Arzt (6) strahlt (5) Sicherheit (2) aus

**6 = 6. von 1:**

- Vernunft (6) ist kalkulierte (6) Aktion (1)
- Restauration (6) ist Anpassung (6) an den Urzustand (1)

- Rationalisierung (6) ist Verwertung (6) von Energieschüben (1)

**6 = 7. von 12:**
- Angst (6) ist die Begegnung (7) mit dem Ungewissen (12)
- Konfuzianismus (6) ist die Ergänzung (7) zum Taoismus (12)
- Technische Perfektion (6) ergänzt (7) meditatives Erfassen (12) (das wird in den asiatischen Kampfkünsten besonders deutlich)

**6 = 8. von 11:**
- Anpassung (6) ist der Tod (8) des Individualismus (11)
- Arzt sein (6) heißt persönliche Freiheit (11) opfern (8)
- Bürokratie (6) ist der Tod (8) der Originalität (11) (Ausnahme, Besonderheit)

**6 = 9. von 10:**
- Vernünftige Anpassung (6) ist die Philosophie (9) gesellschaftlichen Erfolgs (10)
- In der Rationalisierung (6) liegt der Sinn (9) der Beschränkung; auf das Notwendige (10)
- Der Beamte (6) ist der Priester (9) der Ordnung (10)

**6 = 10. von 9:**
- Dienst am anderen (6) ist das Ziel (10) der Religion (9)
- In der Sorgsamkeit (6) zeigt sich das Format (10) des Priesters (9)
- Methodik/Pädagogik (6) ist geordnete (10) Entwicklung (9)

**6 = 11. von 8:**
- Nuancierung (6) meint Freiheit (11) von Extremen (8)
- Anpassung (6) ist die Aufhebung (11) von Metamorphose (8)

- Arzt sein (6) bedeutet von der Qual (8) befreien wollen (11)

**6 = 12. von 7:**

- Dienen (6) ist die höchste Entwicklungsstufe (12) der Partnerschaft (7)
- Funktionalismus (6) ist die höchste Entwicklungsstufe (12) der Ästhetik (7) (vgl. dazu die »Bauhaus-Philosophie«)
- Lehrmeisterei (6) löst (12) Partnerschaft (7) auf.

## Das 7. Haus

- Element: Luft
- Tierkreiszeichen: Waage/Symbol: ♎
- Planet: Venus/Symbol: ♀
- Farbe: hellblau, graublau, rosa
- Archetyp. Bild: feuchtkühle Herbstluft voller farbiger Blätter
- Archetyp. Gegenstand: Die Waage, die Puderdose
- sozialer Archetyp: Der Diplomat, der Künstler
- Naturbild: Vergängliche Ästhetik (Dekadenz) der Natur, die sich vor dem äußeren Tod (8. Haus) noch einmal in zerbrechlicher Pracht zeigt
- Kernsatz: Ich gleiche aus (wäge ab, harmonisiere, verschönere)

**Begriffe und Bedeutungen:**

*a) abstrakt:*

Die Harmonie, der Ausgleich, der Friede, der Kompromiß, die Diplomatie, die Ästhetik, die Ergänzung, die Partnerschaft, die Verführung, die Herausforderung, der Stil, das Arrangement, die Anregung von außen, das Abwägen, das DU, die Schönheit, die Ausgewogenheit, das Kompliment, der Gegensatz, die Opposition, die Objektivität, die Idee.

*b) auf erlösterer Ebene:*

Freundlichkeit, Höflichkeit, Kompromißbereitschaft, Geschicklichkeit im Umgang mit anderen, Charme, Eleganz, Stilgefühl, Kunstsinn, Diplomatie, Ausgeglichenheit, Friedfertigkeit, Schöngeistigkeit, Ausgewogenheit.

*c) auf unerlösterer Ebene:*

Unentschlossenheit, Entscheidungsschwäche, Handlungsschwäche, Unehrlichkeit, Schmeichelei, Schönfärberei, Parfümiertheit, Geziertheit, Koketterie, aggressive (alternative)

Geistigkeit, Delegationstätertum (das sich selbst die Hände nicht schmutzig macht, aber andere anstiftet oder tun läßt).

## 7. Haus, 1. Methode

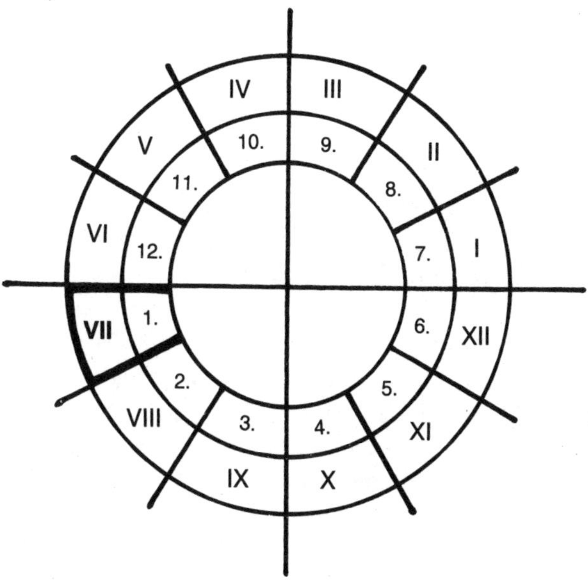

Untersuchung nach 1. Methode:

**1. von 7 = 7:**
- Der erste Schritt (1) zum Ausgleich (7) ist die Ergänzung (7)
- Der erste Schritt (1) zur Diplomatie (7) ist Kompromißbereitschaft (7)
- Der erste Schritt (1) zur Eleganz (7) ist Stilempfinden (7)

**2. von 7 = 8:**
- Frieden (7) nährt sich (2) aus der Konflikthaftigkeit (8)
- Beständige (2) Höflichkeit (7) führt zu Haß (8)
- Die Substanz (2) des Charmes (7) liegt in der Suggestion (8) Schritt (1) zur Eleganz (7) ist Stilempfinden (7)

**3. von 7 = 9:**
- Harmonie (7) breitet sich aus (3), wo Vertrauen (9) ist
- Die Demonstration (3) von Ästhetik (7) ist Werbung (9)
- Small talk (schönfärberisches (7) Geschwätz (3)) ist der Duft der großen, weiten Welt (9)

**4 von 7 = 10:**
- Die Quelle (4) des Friedens (7) ist Bescheidenheit (10)
- Die Mutter (4) der Ästhetik (7) ist die Form (10)
- Die Basis (4) der Partnerschaft (7) ist eine (gemeinsame) Aufgabe (10)/ oder Angst (10)

**5. von 7 = 11:**
- Erfindungen (11) sind die Kinder (5) des geistig Regen (7)
- Witz/Esprit (11) ist Ausdruck (5) von Charme (7)
- Nervosität (11) ist Ausdruck (5) von Entscheidungsschwäche (7)

**6. von 7 = 12:**

- Durchdachte (6) Diplomatie (7) hüllt sich in Schweigen (12)
- Wer der Beziehung (7) mißtraut (6), tarnt sich (12)
- Dienst (6) an der Partnerschaft (7) meint Selbstlosigkeit (12)

**7. von 7 = 1:**

- Das Gegenteil (7) von Entscheidungsschwäche (7) ist Initiativkraft (1)
- Die Ausgewogenheit (7) des Denkens (7) zeigt sich in der Handlung (1)
- Harmonie (7) meint Gleich(7)-Mut (1)

**8. von 7 = 2:**

- Partnerschaft (7) stirbt dort (8), wo Besitzansprüche (2) sind
- Opferbereitschaft (8) in der Partnerschaft (7) schafft Zusammengehörigkeitsgefühl (2)
- In der Sicherheit (2) stirbt (8) die Verführung (Flirt) (7)

**9. von 7 = 3:**

- Der Sinn (9) der Partnerschaft (7) liegt im Austausch (3)
- Der Sinn (9) des Flirts (7) liegt in der Kontaktaufnahme (3)
- Der Sinn (9) der Schönheit (7) liegt darin, sich zu zeigen (3)

**10. von 7 = 4:**

- Das Ergebnis (10) von Frieden (7) ist seelische Geborgenheit (4)
- Das Ziel (10) der Verführung (7) ist Nähe (4)
- Im Kern (10) ist Verführung (7) weiblich (4)

**11. von 7 = 5:**

- Freiheit (11) in den Gedanken (7) schafft Kreativität (5)
- Ungebundenheit (11) in der Partnerschaft (7) schafft Ausstrahlung/Sex (5)

• Originalität (11) in der Ästhetik (7) schafft Ausdruckskraft (5)

**12. von 7 = 6:**

• Höchste Stufe (12) von Diplomatie (7) ist Anpassung an die Notwendigkeiten der Umweltsituation (6)
• Höchste Stufe (12) von Harmonie (7) ist Situationsadäquatheit (6)
• Höchste Stufe (12) von Höflichkeit (7) ist Achtsamkeit (6)

**7. Haus, 2. Methode**

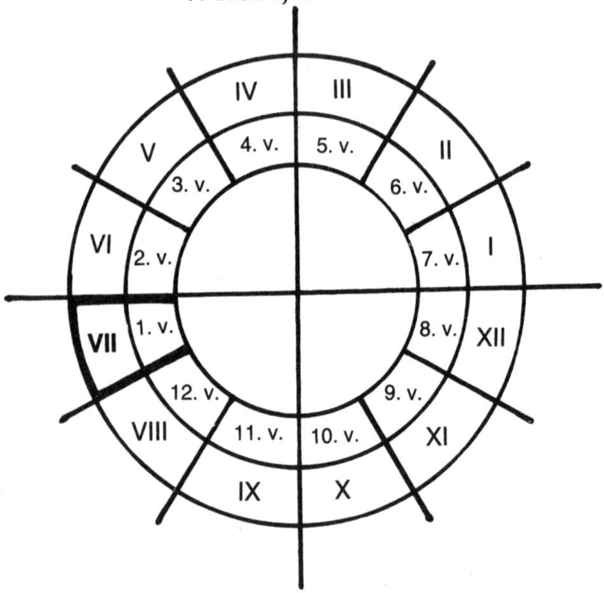

Untersuchung nach 2. Methode:

**7 = 1. von 7:**
- Verführung (7) ist der Beginn (1) der Partnerschaft (7)

**7 = 2. von 6:**
- Der Kompromiß (7) ist die zum Bestand gemachte (2) Anpassung (6)
- Charme (7) ist Sicherheit (2) im Benehmen (6)
- Opposition (7) ist verdichtetes/hartnäckiges (2) Mißtrauen (6)

**7 = 3. von 5:**
- Partner sein (7) heißt Lebenskraft (5) vermitteln (3)
- Diplomatie (7) bedeutet relativieren (3) von Machtpositionen (5)
- Souveränität (5) zeigt sich (3) in der Friedfertigkeit (7)

**7 = 4. von 4:**
- Komplimente (7) sind die Quelle (4) von Zuneigung (4)
- Partnerschaft (7) ist die Mutter (4) der Familiengründung (4)
- In der Schönheit (7) ist die Frau (4) zu Hause (4)

**7 = 5. von 3:**
- Balance (7) ist Ausdruck (5) von Neutralität (3)
- Frieden (7) ist Ausdruck (5) von Wertfreiheit (3)
- Die Macht (5) des Wortes (3) liegt in seiner Ausgleichsfunktion (7) in der Verführung (7)

**7 = 6. von 2:**
- Kompromisse (7) dienen (6) der Sicherheit/Bewahrung (2)
- Verführung (7) dient (6) dem Genuß (2)
- Kunst (7) dient (6) der Sinnlichkeit (2)

**7 = 7. von 1:**

- Partnerschaft (7) ergänzt (7) den Eigenwillen (1)
- Gleichgewichtszustände (7) fordern (7) Aktion (1) heraus
- Verführung (7) fordert (7) den Trieb (1) heraus

**7 = 8. von 12:**

- Partnerschaft (7) ist der Tod (8) der Einsamkeit (12)
- Charme (7) ist die Magie (8) des Hintergründigen (12)
- Herausforderung (7) bedeutet Verzicht (8) auf Heimlichkeit (12)

**7 = 9. von 11:**

- Im Ausgleich (7) liegt der Sinn (9) der Revolution (11)
- Im Flirt (7) liegt der Sinn (9) des Karnevals (11)
- Frieden (7) ist entfaltete (9) Freiheit (11)

**7 = 10. von 10:**

- Harmonie (7) ist das Ziel (10) aller Ziele (10) (vgl. dazu: »Cannon'sches Gesetz der Homöostasis« bzw. das »Prinzip von Le Chatelier«)
- Frieden (7) ist das Ergebnis (10) von Disziplin (10)
- Partnerschaft (7) ist das Ergebnis (10) von Treue (10) (oder das Ergebnis von Angst, auf anderer Entwicklungsebene)

**7 = 11. von 9:**

- Harmonie (7) meint Freisein (11) von Wertungen (9)
- Ausgleich (7) bedeutet Aufhebung (11) von Entwicklung (9)
- Inaktivität (7) meint Unterbrechung (11) von Evolution (9)

**7 = 12. von 8:**

- Frieden (7) ist die höchste Entwicklungsstufe (12) von Metamorphose/Tod (8)

- Unter Luftzufuhr (7) finden Gärungsprozesse (8) ihr Ende (12) (Luftzufuhr deshalb, weil das 7. Haus analog Waage = kardinale Luft ist.)
- Schmeichelei (7) ist verborgener (12) Haß (8)

## Das 8. Haus

- Element: Wasser
- Tierkreiszeichen: Skorpion/Symbol: ♏
- Planet: Pluto/Symbol: ♇
- Farbe: rostrot, giftgrün, stahlblau, aubergine, schwarz-rot
- Archetyp. Bild: Der Kratersee, das Sumpfloch, der Moorteich, der Vulkan
- Archetyp. Gegenstand: Die Fessel, der Kokon, das Netz, der Sarg, der Giftbecher
- sozialer Archetyp: Der Spion, der Untergrundkämpfer, der Leichenbestatter, der Zuhälter
- Naturbild: Äußerer Tod der Natur, Fäulnis, Gärung, Wandlung zum Dünger und Nährboden
- Kernsatz: Ich kämpfe mit mir, ich opfere mich für eine Idee

**Begriffe und Bedeutungen:**

*a) abstrakt:*

Metamorphose, Wandlung, Stirb und Werde, Tod, Opfer, Schlaf, Verzicht, Abschied, Ausscheidung, Gärung, Zerfall, Okkultismus, Umbruch, Rebellion, ideelle Fixierung, Leitbild, Perfektionismus, Lebenshintergrund, Selbstüberwindung, Suggestionskraft, Kontrast, Sexualität (im Sinne des »Kampfes der Geschlechter«), Zähigkeit, Clinch, gegenseitige Durchdringung, Erbschaft, Ohnmacht, höhere Gewalt, Zwang.

*b) auf erlösterer Ebene:*
Opferbereitschaft, Wandlungsfähigkeit (und zwar nicht nur an der Oberfläche, sondern bis in tiefste Regionen), Regenerationskraft, Idealismus, Vorstellungskraft, Identifikationskraft, Instinkt für eigene oder anderer Leute »Schwachstellen«.

*c) auf unerlösterer Ebene:*
Extremismus, Fanatismus, Vampirismus, Sadismus, Masochismus, Abhängigkeit, Hörigkeit, Sucht, Eifersucht, Rachsucht, Sabotage, Intrige, Mißtrauen, Perversion, Aberglauben, Selbstzerstörung, Verbissenheit, Schmarotzertum.

### 8. Haus, 1. Methode

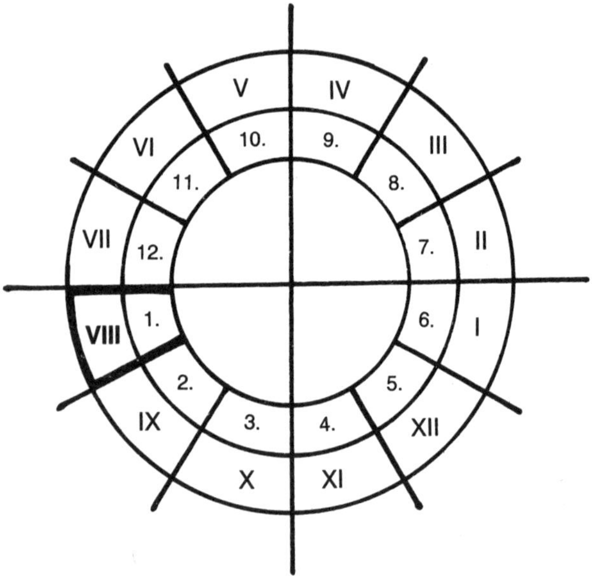

Untersuchung nach 1. Methode:

**1. von 8 = 8:**
- Der erste Schritt (1) der Wandlung (8) ist Zerfall (8)
- Ideelle Fixierung (8) beginnt (1) mit Kontrastdenken (8)
- Der erste Schritt (1) zur Metamorphose (8) ist die Infragestellung der Eigenperson/das Ringen mit sich selbst (8)

**2. von 8 = 9:**
- Beständige (2) Wandlung (8) ist Evolution (9)
- Beständige (2) Suggestion (8) ist Werbung (9)
- Die Substanz (2) des Fanatismus (8) liegt darin, übers Ziel hinauszuschießen (9)

**3. von 8 = 10:**
- Demonstrierte (3) Leitbilder (8) sind Prinzipien (10)
- Eifersucht (8) zeigen (3), sperrt ein/setzt Schranken (10)
- Hintergründiges (8) verkünden (3) schafft Klarheit (10)

**4. von 8 = 11:**
- Die Mutter (4) der Metamorphose (8) ist der Sprung ins Ungewisse (11)
- Karikatur (11) ist die Mutter (4) der Suggestion (8)
- Persönliche Freiheitsansprüche (11) sind die Quelle (4) von Eifersucht (8)

**5. von 8 = 12:**
- Die Kraft (5) sich zu wandeln (8), liegt im Loslassen (12)
- Ausdruck (5) von Opferbereitschaft (8) ist Selbstlosigkeit (12)
- Ausdruck (5) des Todes (8) ist Auflösung (12)

**6. von 8 = 1:**
- Der Krieg (1) ist der Diener (6) des Todes (8)

- Aggression (1) zeigt Angst (6) vor der Wandlung (8)
- Der Keim (1) verwertet (6) den Humus (8) (der Neubeginn verwertet zersetztes Altes)

**7. von 8 = 2:**

- Idealismus (8) braucht als Ergänzung (7) Bodenständigkeit (2)
- Der Gegensatz (7) von Wandel (8) heißt Beharren (2)
- Substanz (2) – ein Hauch (7, kardinale Luft!) von Vergänglichkeit (8)

**8. von 8 = 3:**

- Relativierung (3) ist der Tod (8) des Fanatismus (8)
- Heiterkeit (3) ist der Tod (8) der Verbissenheit (8)
- Geschwätz (3) ist der Tod (8) jeder Metamorphose (8)

**9. von 8 = 4:**

- Der Sinn (9) der Verwesung (8) liegt in der Bildung von Mutterboden (4)
- Die Philosophie (9) der Selbstaufopferung (8) ist die Hingabe (4)
- Der Saugende (8) findet sein Glück (9) an der Mutterbrust (4)

**10. von 8 = 5:**

- Ziel (10) allen Wandels (8) ist Vitalität (5)
- Ergebnis (10) des Todes (8) ist Leben (5)
- Der Ehrgeiz (10) von Fanatikern (8) ist auf Macht (5) gerichtet

**11. von 8 = 6:**

- Differenzierung (6) heißt sich von Extremen (8) freimachen (11)
- Exakte Analyse (6) befreit (11) von Abhängigkeit (8)

(Aberglauben (8)
- Angst (6) ist die Flucht (11) vor Veränderung (11)

**12. von 8 = 7:**
- Versöhnlichkeit (7) kann Extreme (8) lösen/transzendieren (12)
- Tod (8) auf höchster Entwicklungsstufe (12) bedeutet ewiger Frieden (7)
- Handlungsschwäche (7) ist das Ende (12) jeden Wandels (8)

### 8. Haus, 2. Methode

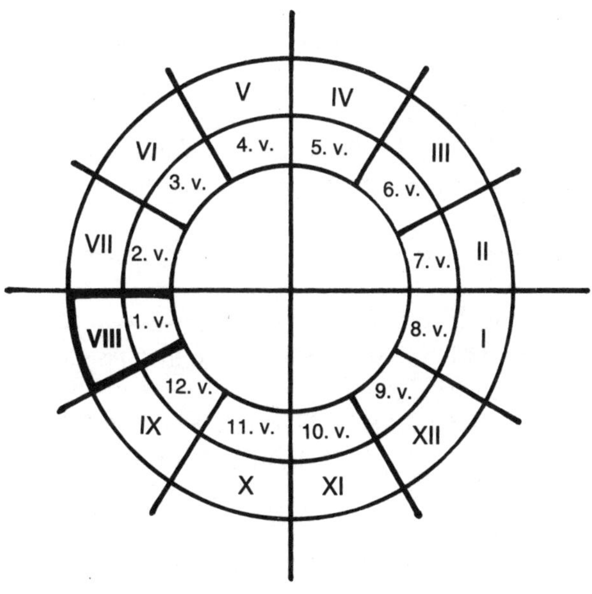

Untersuchung nach 2. Methode:

**8 = 1. von 8:**

- Tod (8) ist der Anstoß (1) zur Metamorphose (8)

**8 = 2. von 7:**

- Leitbilder (8) sind zum Bestand (2) gemachte Ideen (7)
- Eifersucht (8) heißt den Partner (7) als Besitz (2) betrachten
- Man ist Opfer (8) seiner zu Materie gewordenen (2) Gedanken (7) (Buddha: »Du bist, was du denkst, und du wurdest, was du dachtest.«)

**8 = 3. von 6:**

- Wandlungsfähigkeit (8) bedeutet Relativierung (3) von Anpassungszwängen (6)
- Abhängigkeit (8) schafft man durch Verbreitung (3) von Angst (6)
- Intrigieren (8) meint Zweifel (6) ausstreuen

**8 = 4. von 5:**

- Der Tod (8) ist die Wiege (4) des Lebens (5)
- Abhängigkeit (8) ist die Basis (4), auf der Dominanz (5) gedeiht
- Tabuisiert (8) ist das Privatleben (4) der Mächtigen (5)

**8 = 5. von 4:**

- Ausschließlich/verschlingend/suggestiv (8) ist die Sexualität (5) der Frau (4)
- Opferbereitschaft (8) ist Ausdruck (5) von Weiblichkeit (4)
- Tod (8) ist Ausdruck (5) periodischen Wandels (4)

**8 = 6. von 3:**

- Tod (8) ist Anpassung (6) an die Relativität der Dinge (3)
- Sucht (8) ist der Zweifel (6) an der Relativität der Dinge (3)

- Spionieren (8) bedeutet mißtrauische (6) Neugier (3)

**8 = 7. von 2:**
- Des einen Tod (8) ist des anderen (7) Brot (2)
- Im Sterben (8) gibt es kein (7) Festhalten (2) mehr (Sterben ist das Gegenteil (7) von Festhalten)
- Im Schlaf (8) harmonisiert (7) sich die Substanz (2)

**8 = 8. von 1:**
- Tod (8) ist der Verzicht (8) auf körperliche Existenz (1)
- Fanatismus (8) ist übersteigerte (8) Aktivität (1)
- Wandlung (8) ist die Metamorphose (8) des Ego (1)

**8 = 9. von 12:**
- Tod (8) ist die Philosophie (9) der Vergänglichkeit (12)
- Mißtrauen (8) heißt an nichts (12) glauben (9)
- Im Sterben (8) mußt du auf das Nichts (12) vertrauen (9)

**8 = 10. von 11:**
- Metamorphose (8) ist das Ziel (10) von Veränderungsbestrebungen (11)
- Eifersucht (8) ist das Ergebnis (10) von Befreiungsversuchen (11)
- Übersteigert (8) ist der Ehrgeiz (10) des Revolutionärs (11)

**8 = 11. von 10:**
- Tod (8) ist Befreiung (11) von der Form/der Begrenztheit körperlicher Existenz (10)
- Abhängig (8) ist der, der sich von Gesetzmäßigkeiten (10) freimachen möchte (11)
- Extremismus (8) ist das Ausbrechen (11) aus der Beschränkung auf das Nötige (10)

**8 = 12. von 9:**

- Wandlung (8) ist die höchste Stufe (12) von Entwicklung (9)
- Tod (8) ist das Ende (12) der Expansion (9)
- Mißtrauen (8) ist die Auflösung (12) von Glauben (9)

## Das 9. Haus

- Element: Feuer
- Tierkreiszeichen: Schütze/Symbol: ♐
- Planet: Jupiter/Symbol: ♃
- Farbe: königsblau, kardinalsrot, violett (indische Zuordnung: gelb)
- Archetyp. Bild: die wabernde Flamme, das Flammenmeer
- Archetyp. Gegenstand: Das klerikale Gewand (z. B. Tiara, Bischofsstab)
- sozialer Archetyp: Der Philosoph, Priester, Missionar, Werbefachmann
- Naturbild: Ausweitung im inneren Raum der Pflanze, Wurzelverzweigung als Vorbereitung zur weiteren Ausdehnung/Der Baum.
- Kernsatz: Ich liebe die Fülle, ich expandiere, ich missioniere.

**Begriffe und Bedeutungen:**

*a) abstrakt:*

Wachstum, Fülle, Ausdehnung, Expansion, Evolution, Synthese, Glaube, Mission, Sendungsbewußtsein, Philosophie, Werbung, Wertung, Sinn, Religio, Pathos, Be-Deutung, das Große und Ganze, Pauschale, Globale, innere u. äußere weite Reisen, Wucht, Dynamik.

*b) auf erlösterer Ebene:*

Humor, Enthusiasmus, Begeisterungsfähigkeit, Weitblick,

Organisationsgabe, Vertrauen, Optimismus, Idealismus, Toleranz, salomonischer Gerechtigkeitssinn, Lebensfreude, Großzügigkeit, Zufriedenheit.

*c) auf unerlösterer Ebene:*
Pathetik, Übertreibung, Großspurigkeit, Arroganz, Überheblichkeit, Problemblindheit, Undifferenziertheit, Unsachlichkeit, Moralismus, Wucher, Hochstapelei, Angeberei, Selbstüberschätzung.

### 9. Haus, 1. Methode

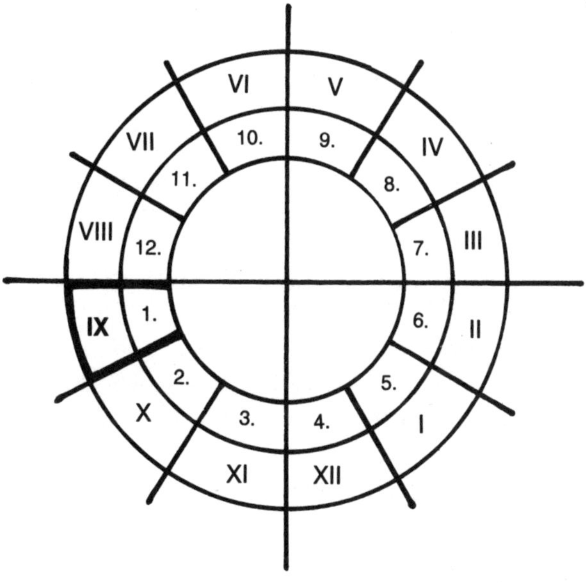

Untersuchung nach 1. Methode:

**1. von 9 = 9:**
- Der erste Impuls (1) zum Wachstum (9) ist Optimismus (9)
- Vertrauen (9) ist der Beginn (1) von Entwicklung (9)
- Undifferenziertheit (9) ist der erste Schritt (1) zum Moralismus (9)

**2. von 9 = 10:**
- Grundstock (2) jeder Evolution (9) ist Planung (10)
- Der Fundus (2) der Werbung (9) liegt in der Öffentlichkeitswirkung (10)
- Gesammelte (2) Entwicklung (9) ist Erfahrung (10)

**3. von 9 = 11:**
- Vermitteltes (3) Vertrauen (9) erleichtert den Sprung ins Ungewisse (11)
- Demonstrierter (3) Humor (9) ist Zirkus/Clownerie (11)
- Austausch (3) von Toleranz (9) ist Freiheit (11)

**4. von 9 = 12:**
- Der Quell (4) der Religio(n) (9) ist Einsamkeit (12)
- Die Basis (4) des Vertrauens (9) ist Selbstlosigkeit/Hingabe (12)
- Die Mutter (4) der Hochstapelei (9) ist die Täuschung (12)

**5. von 9 = 1:**
- Ausdruck (5) von Vertrauen (9) ist Initiativkraft (1)
- Die Kraft (5) der Entwicklung (9) liegt im Mut zum Beginn (1)
- Die Leber (9) produziert (5) Galle (1)

**6. von 9 = 2:**

- Die Verwertung (6) der Werbung (9) liegt im Besitz(-zuwachs) (2)
- Systematische/methodische (6) Entwicklung (9) ist beständig (2)
- Skepsis (6) der Entwicklung (gegenüber) (9) zeigt sich im Festhalten (2) im Sicherheitsstreben (2)

**7. von 9 = 3:**

- Ausgeglichenheit (7) in der Wertung (9) verlangt den Blick für die Relativität der Dinge (3)
- Partner (7) der Werbung (9) sind die Medien (3)
- Der Ausgleich (7) zum Enthusiasmus (9) liegt in der Neutralität (3)

**8. von 9 = 4:**

- Familie (4) bedeutet Verzicht (8) auf persönliche Expansion (4)
- Mitgefühl (4) ist der Tod (8) für die Werbung (9) oder Wertung (9)
- Der Tod (8) der Entwicklung (9) ist Phlegma (4)

**9. von 9 = 5:**

- Die Sinnhaftigkeit (9) der Entwicklung (9) liegt in der Kreativität (5)
- Leben (5) ist der Sinn (9) aller Sinnhaftigkeit (9)
- Das Wesen (9) der Arroganz (9) liegt im Hochmut (5)

**10. von 9 = 6:**

- Ergebnis (10) der Entwicklung (9) ist Verwertbarkeit/Ernte (6)
- Das Gesetz (10) der Evolution (9) ist notwendige Anpassung an Umweltbedingungen (6)

- Kalkulation (6) ist der Blick für die Perspektive (10) der Entwicklung (9)

**11. von 9 = 7:**

- Freisein (11) von Wertung (9) wirkt harmonisierend (7)
- Der Sprung (11) aus der Synthese (9) ist die Alternative (7)
- Die Anregung von außen (7) bringt frischen Wind (11) in das Weltbild (9)

**12. von 9 = 8:**

- Die höchste Stufe (12) von Entwicklung (9) ist Metamorphose (8)
- Die höchste Stufe (12) von Priestertum (9) ist Aufopferungsbereitschaft (8)
- Die höchste Stufe (12) von Werbung (9) ist Suggestionskraft (8)

## 9. Haus, 2. Methode

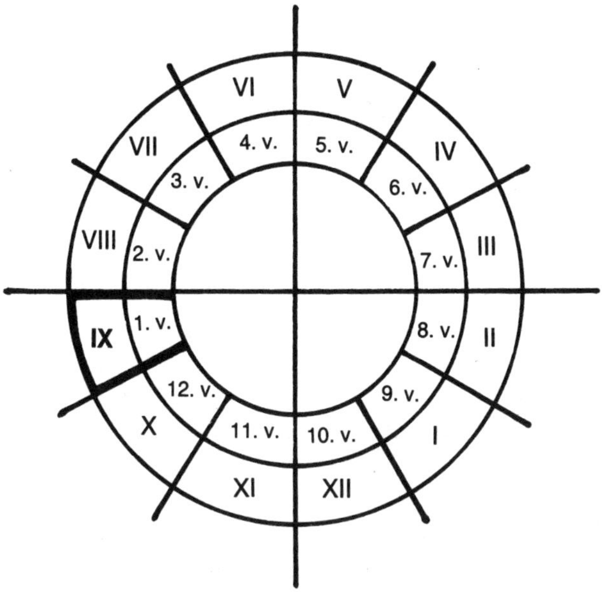


Untersuchung nach 1. Methode:

**9 = 1. von 9:**

- Religio (9) ist der Impuls (1) zu vertrauen (9)

**9 = 2. von 8:**

- Synthese (9) ist die Zusammenfassung (2) von Gegensätzlichem (8)
- Missionieren (9) heißt Abhängigkeit (8) dingfest machen (2)
- Überfluß (9) ist der Besitz (2) von Auszuscheidendem (8)

**9 = 3. von 7:**

- Werbung (9) heißt Schönheit (7) verkaufen (3)
- Vertrauen (9) ist vermittelte (3) Harmonie (7)
- Gerechtigkeitssinn (9) ist gezeigte (3) Objektivität (7)

**9 = 4. von 6:**

- Die Philosophie (9) ist die Mutter (4) der Wissenschaften (6)
- Werbung (9) ist die Basis (4) des Broterwerbs (6)
- Großspurigkeit (9) gebiert (4) Skepsis (6)

**9 = 5. von 5:**

- Vertrauen (9) ist Ausdruck (5) von Lebenskraft (5)
- Toleranz (9) ist die Ausstrahlung (5) der (wahrhaft) Mächtigen (5)
- Ejakulation (9) ist der Ausdruck (5) männlicher Sexualität (5)

**9 = 6. von 4:**

- Religio (9) ist die Erkenntnis (6) des Ursprungs (4)
- Wertung (9) ist Unterscheidung (6) der Herkunft (4)
- Arroganz (9) ist Kritik (6) an der Herkunft (4)

**9 = 7. von 3:**

- Wertung (9) ergänzt (7) Relativität (3)
- Humor (9) ist der Partner (7) der Heiterkeit (3)
- Überfluß (9) gesellt sich (7) zu Oberflächlichkeit (3)

**9 = 8. von 2:**

- In der Weite (9) stirbt (8) Revierdenken (2)
- Evolution (9) verlangt Opfer (8) im Materiellen (2)
- (Welt-)Reisen (9) sind der Tod (8) für den Geldbeutel (2)

**9 = 9. von 1:**

- Expansion (9) ist sich ausdehnende (9) Energie (1)

- Humor (9) ist die Ausdehnung (9) des Ichs (1)
- Arroganz (9) ist aufgeblähtes (9) Ego (1)

**9 = 10. von 12:**
- Religio (9) ist die Zielsetzung (10) des Klosterlebens (12)
- Humor (9) ist das Ergebnis (10) von Gelöstheit (12)
- Weite (9) ist die Form (10) der Formlosigkeit (12)

**9 = 11. von 11:**
- Wertung (9) meint Freisein (11) von Standpunktlosigkeit (11)
- Begeisterungsfähigkeit (9) ist die Entdeckung (11) des Neuen (11)
- Großspurigkeit (9) ist nur die Karikatur (11) von Freiheit (11)

**9 = 12. von 10:**
- Evolution (9) ist das höchste (12) aller Gesetze (10)
- Wucherung (9) ist die Auflösung (12) stabiler Form (10)
- Problemblindheit (9) ist die Unfaßbarkeit (12) des Ernstes des Lebens (10)

## Das 10. Haus

- Element: Erde
- Tierkreiszeichen: Steinbock/Symbol: ♑
- Planet: Saturn/Symbol: ♄
- Farbe: schwarz, dunkelblau, dunkelgrün
- Archetyp. Bild: Der Kristall, der Steinquader, die Leiter
- Archetyp Gegenstand: Die Sanduhr der Totenkopf
- sozialer Archetyp: Der Gesetzgeber, Richter, der Bergmann (Schwerarbeiter)
- Naturbild: Die Natur in erstarrter Ruhe, Baumgerippe an der Baumgrenze im eisigen Winter
- Kernsatz: Ich normiere, ordne, begrenze, suche nach Maßstäben, kategorisiere, strebe nach Format.

**Begriffe und Bedeutungen:**

*a) abstrakt:*

Form, Grenze, Tektonik, Struktur, Strebe, Stütze, Standpunkt, Halt, Haltung, Achtung, Öffentlichkeit, Geltung, Regelmaß, Zeit, Ordnung, Ziel, Ergebnis, Norm, Gesetz, Verbot, Beschränkung, Verantwortung, verbindliche Autorität, »Amt u. Würde«, Überich, Profil, Reduktion, Kern, Hindernis, Schwelle, Angst, Streben nach gesellschaftlicher Anerkennung, Ehrgeiz, Hierarchie, Konsequenz, Verneinung, Realität.

*b) auf erlösterer Ebene:*

Bescheidenheit, Treue, Klarheit, Reinheit, Stabilität, Verläßlichkeit, Sicherheit, Durchhaltevermögen, Ehrlichkeit, Geradlinigkeit, Ehrgefühl, Verantwortlichkeit, Ausdauer, Grundsatztreue, Gründlichkeit, Sparsamkeit, Reife.

*c) auf unerlösterer Ebene:*

Geiz, Unbeweglichkeit, Schematismus, »Radfahrermentalität«, Autoritätshörigkeit, Gefühlskälte, ehrgeiziges Machtstreben,

Rechthaberei, Profilierungssucht, Starre, Formalismus, Engstirnigkeit, Minderwertempfinden, Augenblicksferne, Monotonie.

## 10. Haus, 1. Methode

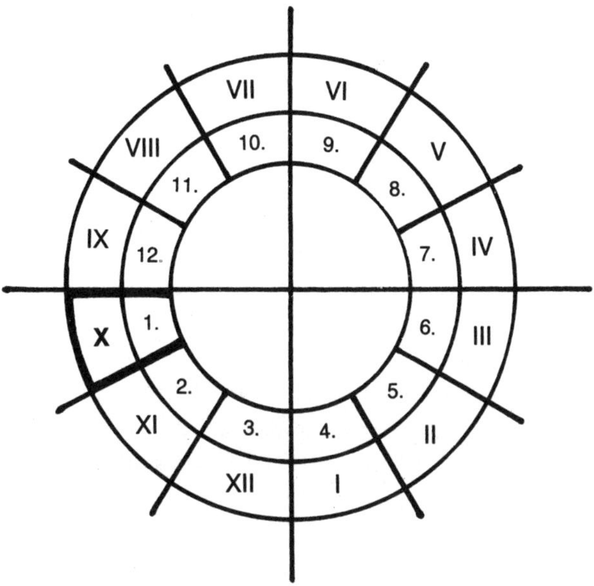


Untersuchung nach 1. Methode:

**1. von 10 = 10:**

- Der erste Schritt (1) zum Format (10) ist Verneinung (10)
- Ehrlichkeit (10) ist der erste Schritt (1) zur Verantwortung (10)
- Autoritätshörigkeit (10) ist der Beginn (1) der Radfahrermentalität (10)

**2. von 10 = 11:**

- Zum Bestand gemachte (2) Selbstdisziplin (10) ist Freiheit
- Auf Formalismus (10) beharren (2) schafft Revolutionsgeist (11)
- Ideenreichtum (11) ist der Fundus (2) der Berufung (10)

**3. von 10 = 12:**

- Relativierung (3) von Gesetzen (10) schafft Chaos (12)
- Geoffenbarte (3) Bescheidenheit (10) ist Selbstlosigkeit (12)
- Die Verkündung (3) von Verboten (10) schafft Heimlichkeiten (12)

**4. von 10 = 1:**

- Basis (4) der Konsequenz (10) ist die Tatkraft (1)
- Quell (4) gesellschaftlichen Erfolges (10) ist Leistung (1)
- Die Mutter (4) des Geizes (10) ist Ichbezogenheit (1)

**5. von 10 = 2:**

- Ausdruck (5) gesellschaftlicher Macht (10) ist Besitz (2)
- Ehrgeiz (10) zeugt (5) Revierdenken (2)
- Angst (10) drückt sich aus (5) im Festhalten (2)

**6. von 10 = 3:**

- Differenzierung (6) von Gesetzen (10) relativiert (3)
- Verwertung (6) von Ergebnissen (10) bringt Wissen (3)
- Kritik (6) am Ernst (10) ist Heiterkeit (3)

**7. von 10 = 4:**

- Format (10) wird durch Anpassungsfähigkeit (4) ergänzt (7)
- Frieden ist die Mitte zwischen (7) Augenblick (4) und Ewigkeit (10)
- Das Gegenteil (7) von Ehrgeiz (10) ist Phlegma (4)

**8. von 10 = 5:**

- Form (10) wandelt sich (8) in Energie (5)
- Wo Formalismus (10) stirbt (8) ist Lebendigkeit (5)
- Verzicht (8) auf Erfolgszwang (10) bringt Produktivität (5)

**9. von 10 = 6:**

- Kritik (6) ist die Philosophie (9) der Angst (10)
- Das Weltbild (9) von Knigge (10) ist Anpassung (6)
- Der Sinn (9) der Gestalt (10) liegt in ihrer Zweckmäßigkeit (6)

**10. von 10 = 7:**

- Das Ziel (10) aller Ziele (10) ist Harmonie (7) (Das Gesetz der Erhaltung des Gleichgewichts)
- Das Ergebnis (10) von Bescheidenheit (10) ist Frieden (7)
- Die Form (10) aller Formen (10) ist Schönheit (7)

**11. von 10 = 8:**

- Die Befreiung (11) von der Kontinuität (10) ist Wandlung (8)
- Sich freimachen (11) von Erfolg (10) heißt ein Opfer bringen (8)
- Das Aufheben von (11) Mäßigung (10) tendiert zum Extremen (8)

**12. von 10 = 9:**

- Das höchste (12) Gesetz (10) ist Evolution (9)
- Weite (9) transzendiert (12) Begrenzung (10)
- Vertrauen (9) heißt sich vom Ergebnis/Erfolgszwang (10) lösen (12)

## 10. Haus, 2. Methode

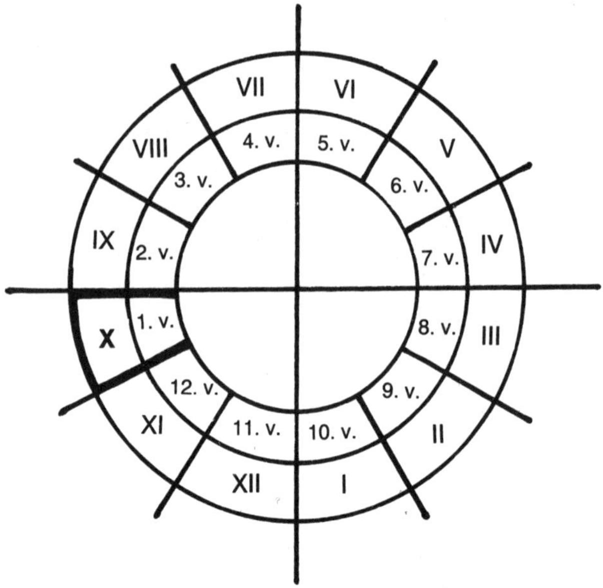

Untersuchung nach 2. Methode:

**10 = 1. von 10:**
- Beschränkung (10) ist der erste Schritt (1) zur Klarheit (10)

**10 = 2. von 9:**
- Ein Standpunkt (10) ist die Wurzel (2) für die Expansion (9)
- Stagnation (10) ist festgehaltene (2) Entwicklung (9)
- Die Grenze (10) beschreibt das Revier (2) der Ausdehnung (9)

**10 = 3. von 8:**
- Profilierung (10) ist die Demonstration (3) von Leitbildern (8)
- Ergebnis (10) ist sichtbare (3) Metamorphose (8)
- Angst (10) ist gezeigtes (3) Mißtrauen (8)

**10 = 4. von 7:**
- Bescheidenheit (10) ist ein Quell (4) des Friedens (7)
- Treue/Angst (10) ist die Basis (4) der Partnerschaft (7)
- Form (10) ist die Mutter (4) der Ästhetik (7)

**10 = 5. von 6:**
- Klarheit (10) ist Ausdruck (5) von Methodik (6)
- Angst (10) ist Ausdruck (5) von Zweifel (6)
- Konvention (10) ist Ausdruck (5) von Anpassung (6)

**10 = 6. von 5:**
- Sparsamkeit (10) ist vernünftige (6) Ausgabe (5)
- Angst (10) ist Zweifel (6) an der Vitalität (5)
- Würde (10) ist achtsamer (6) Selbstausdruck (5)

**10 = 7.von 4:**

- Öffentlichkeit (10) ist das Gegenteil (7) von Privatsphäre (4)
- Die Perspektive (10) ergänzt (7) den Gegenwartsbezug (4)
- Ehrgeiziges Machtstreben (10) ist der Antipode (7) des Mitgefühls (4)

**10 = 8. von 3:**

- In der Hierarchie (10) stirbt (8) die Relativität (3)
- Beschränkung (10) ist der Tod (8) der Vielseitigkeit (3)
- Ernst (10) ist der Tod (8) der Heiterkeit (3)

**10 = 9. von 2:**

- Ziel (10) ist die Entfaltung (9) der Wurzelkraft (2)
- Gesellschaftliche Macht (10) hat der Groß(9)-Grundbesitzer (2)
- Eine breite (9) Wurzel (2) sorgt für Stabilität (10)

**10 = 10. von 1:**

- Bescheidenheit (10) ist die Beschränkung (10) des Ego (1)
- Konsequenz (10) ist zielgerichtetes (10) Tun (1)
- Ehrgeiz (10) ist geltungsbezogene (10) Aktion (1)

**10 = 11. von 12:**

- Form (10) ist der Schritt aus (11) der Formlosigkeit (12)
- Organisation (10) ist überwundenes (11) Chaos (12)
- Härte (10) ist Flucht (11) vor dem Humanismus (12)

**10 = 12. von 11:**

- Verantwortung (10) ist die höchste Stufe (12) der Freiheit (11)
- Format (10) ist die höchste Stufe (12) von Originalität (11)
- »Über-ich« (10) ist transzendierte (12) Individualität (11)

# Das 11. Haus

- Element: Luft
- Tierkreiszeichen: Wassermann/Symbol: ♒
- Planet: Uranus/Symbol: ♅
- Farbe: eisblau, blaugrün, opalisierend, metallicfarben
- Archetyp. Bild: Eisige Winterluft, in deren Eiskristallen sich glitzernd das Sonnenlicht bricht; elektrisch aufgeladene Gewitterluft, von Blitzen durchzuckt
- Archetyp. Gegenstand: Die Clownsmaske, Narrenkappe, der Zauberstab
- sozialer Archetyp: Der »schrullige Professor« (Genie u. Wahn), der Narr, der Revolutionär, der Mäzen, der Günstling
- Naturbild: der zu Eis erstarrte, bizarre Wasserfall, auf dem Lichtreflexe blinken; Zeit inneren Erwachens der Natur, Umpolung der Todes- in Lebenskräfte
- Kernsatz: Ich befreie, revolutioniere, erfinde, bin anders (originell)

**Begriffe und Bedeutungen:**

*a) abstrakt:*

Originalität, Exzentrizität, Zentrifugalkraft, Elektrizität, Reformation, Revolution, Befreiung, Verfremdung, Karikatur, Entpolarisierung, Absprung, Erneuerung, Erfindung, Absonderlichkeiten, Bizarrheit, Unterbrechung der Kontinuität, Plötzlichkeit, Schrittmachertum, geistiger Impuls, Zauber, Witz, Pointe, Unkonventionelles, Aufhebung von Gegensätzen, Besonderheit, Ausnahme, Überraschung, Blitz, Zucken, Explosivität, Irritation, Zukunft, Gleichheit, Kuriosität, Surrealität, Flucht, Außenseitertum, ideologische Gemeinsamkeit mit Minoritäten, Extravaganz.

*b) auf erlösterer Ebene:*
Einfallsreichtum, Erfindungsgabe, geistige Kreativität, Genie, Brüderlichkeit, Intuition (im Sinne von Geistesblitzen), Freiheit, Mut zum Neuen.

*c) auf unerlösterer Ebene:*
Zerfahrenheit, Zerrissenheit, Sprunghaftigkeit, Irrsinn, Nervosität, Unberechenbarkeit, Verantwortungslosigkeit, Flucht vor Konfrontation, Sonderling, Exzentriker sein.

**11. Haus, 1. Methode**

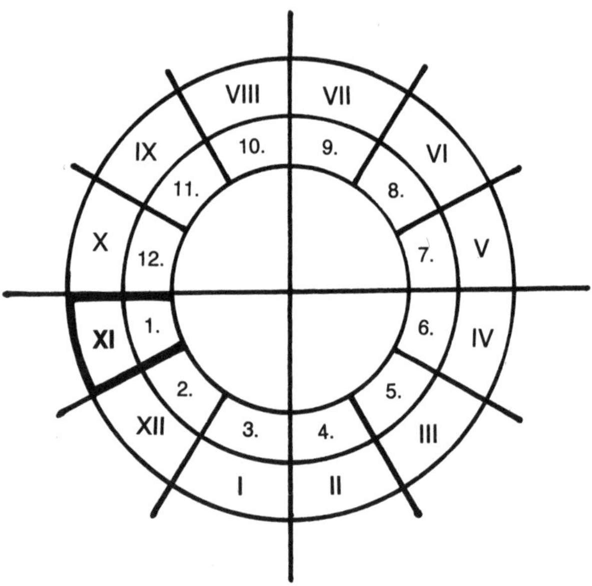

Untersuchung nach 1. Methode:

**1. von 11 = 11:**
- Originalität (11) ist der erste Schritt (1) ins Außenseitertum (11)
- Überraschung (11) ist der Anfang (1) der Pointe (11)
- Revolution (11) ist der erste Schritt (1) zur Aufhebung von Gegensätzen (11)

**2. von 11 = 12:**
- Freiheit (11) wurzelt (2) in Nichts (12)
- Zum Bestand gemachte (2) Intuition (11) ist Ahnungsvermögen (12)
- Revolution (11) nährt sich (2) vom Chaos (12)

**3. von 11 = 1:**
- Explosivität (11) zeigt sich (3) in der Schlagkraft (1)
- Schrittmachertum (11) zeigt sich (3) im Mut zum Beginn (1)
- Der Bruder (3) der Revolution (11) ist der Krieg (1)

**4. von 11 = 2:**
- Die Mutter (4) des Wunsches nach Besonderheit (11) ist Biederkeit (2)
- Die »Familie« (4) der Außenseiter (11) ist die Gruppe (2)
- Die Heimat (4) des Revolutionärs (11) ist das Bauerntum (2)

**5. von 11 = 3:**
- Reiselust (3) ist Ausdruck (5) von Veränderungsbedürfnis (11)
- Geschwätzigkeit (3) ist Ausdruck (5) von Unberührbarkeit (11)
- Der Sex (5) von Engeln (11) ist neutral (3)

**6. von 11 = 4:**

- Individualbedürfnisse (11) müssen sich in der Familie (4) anpassen (6)
- In seelischer Betroffenheit (4) geraten Freiheitswünsche (11) in die Krise (6)
- Mütter (4) sind Befreiungswünschen (11) gegenüber skeptisch (6)

**7. von 11 = 5:**

- Das Denken (7) der Revolutionäre (11) gilt der Macht (5)
- Das Leben (5) der Erfinder (11) spielt sich in ihrem Denken ab (7)
- Der Himmel (11) findet Frieden (7) in der Schöpfung (5)

**8. von 11 = 6:**

- Dienen (6) heißt auf persönliche Freiheit (11) verzichten (8)
- Genialität (11) stirbt (8) in kleinkariertem Denken (6)
- Skepsis (6) ist der Tod (8) des Fortschritts (11)

**9. von 11 = 7:**

- Die Philosophie (9) von Freiheitskämpfern (11) ist Ausgleich (7)
- Humorvolle (9) Geistigkeit (11) ist Charme (7)
- Im Abwägen (7) finden Einfälle (11) zur Synthese (9)

**10. von 11 = 8:**

- Ziel (10) der Erneuerung (11) ist tiefgründiger Wandel (8)
- Wo Zentrifugalkraft (11) ummantelt (10) ist, entsteht vulkanischer Druck (8)
- Leitbilder (8) sind die Grenzen (10) der Freiheit (11)

**11. von 11 = 9:**

- Toleranz (9) meint frei sein (11) von Besonderheitsbedürfnissen (11)

- Evolution (9) ist die Veränderung (11) um der Veränderung willen (11)
- Humor (9) ist, wenn man trotzdem lacht (auch das Absonderliche (11) des Lebens auf den Arm nehmen (11) kann)

**12. von 11 = 10:**

- Die höchstmögliche (12) Freiheit (11) ist Selbstdisziplin (10)
- Freiheit (11) hört dort auf (12), wo die Grenze/Notwendigkeit (10) beginnt
- Höchste Stufe von (12) Komik (11) ist Ernst (10) (Buster Keaton = »Der Mann, der niemals lachte«)

**11. Haus, 2. Methode**

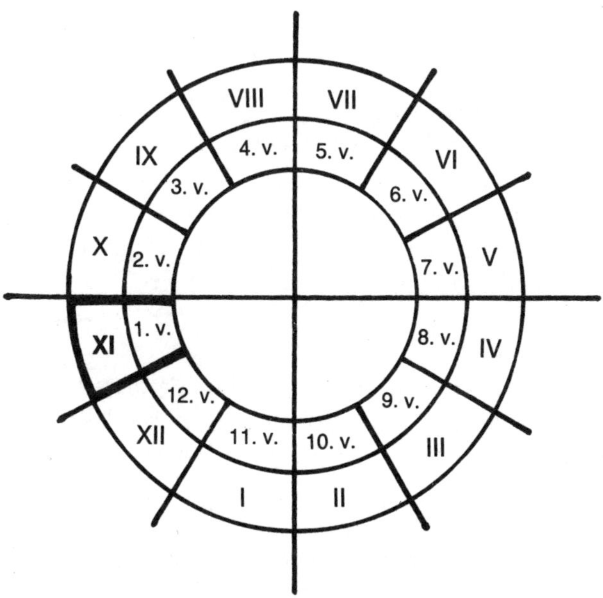

Untersuchung nach 2. Methode:

**11 = 1. von 11:**
- Genialität (11) ist der Mut (1) zum Sprung aus der Norm (11)

**11 = 2. von 10:**
- Erfinden (11) meint das Erfassen (2) einer Zielvorstellung (10)
- Flucht (11) ist manifeste (2) Angst (10)
- Karikatur (11) ist das Zusammenfassen (2) des aufs Wesentliche Beschränkten (10)

**11 = 3. von 9:**
- Freiheit (11) ist sich zeigende (3) Weite (9)
- Freiheit (11) entsteht in der Relativierung (3) von Werten (9)
- Um Gönner (Mäzen) (11) zu sein, muß man das Weltbild (9) teilen (3)

**11 = 4. von 8:**
- Der Himmel (altgriech.: Uranos!) (11) ist die Mutter (4) der Hölle (8)
- Einfälle (11) werden aus der Not (8) geboren (4)
- Wo Gegensatzspannung aufgehoben wird (11), wird die Basis (4) zum physischen Tod (8) gelegt

**11 = 5. von 7:**
- Freiheit (11) ist Ausdruck (5) wahrer Partnerschaft (7)
- Nivellierung (11) ist Ausdruck (5) von Ausgleich (7)
- Im Neuen (11) liegt die Macht (5) der Verführung (7)

**11 = 6. von 6:**
- Karikatur (11) ist kritische (6) Beobachtung (6)
- Revolution (11) heißt Kritik (6) an der Anpassung (6)

- Zerrissenheit (11) ist die Zergliederung (6) der Zergliederung (6)

**11 = 7. von 5:**

- Entpolarisierung (11) meint Ausgleich (7) von Machtverhältnissen (5)
- Freiheit (11) ist die Partnerin (7) des Selbstbewußtseins (5)
- Der (Hof-)Narr (11) ist der Partner (7) des Königs (5)
- Ganymed (11) ist der Mundschenk (7) der Götter (5)

**11 = 8. von 4:**

- In der Revolution (11) stirbt (8) das Volk (4)
- Unberührbarkeit (11) heißt Verzicht (8) auf Nähe (4)
- Besonderheit (11) heißt Verzicht (8) auf Naivität (4)

**11 = 9. von 3:**

- Fliegen (11) ist raumgreifende (9) Fortbewegung (3)
- Elektronik (11) ermöglicht weltweite (9) Kommunikation (3)
- Sprunghaftigkeit (11) ist übertriebene (9) Neugier (3)

**11 = 10. von 2:**

- Freiheit (11) heißt Besitztum (2) auf das Nötige reduzieren (10)
- Originell sein (11) ist die Zielvorstellung (10) der Biederkeit (2)
- Veränderung (11) macht Einschränkung (10) von Gewohnheiten (2) nötig

**11 = 11. von 1:**

- Freiheit (11) meint Freiheit (11) vom Ego (1)
- Plötzlichkeit (11) meint überraschende (11) Aktion (1)
- Genialität (11) heißt, das Außergewöhnliche (11) zu wagen (1)

**11 = 12. von 12:**

- Freiheit (11) ist das Aufgehen (12) in Grenzenlosigkeit (12)
- Glas (11) ist höchst (12) durchsichtig/transzendent (12)
- Besonderheit (11) ist Lösung (12) aus der Unterschiedslosigkeit (12)

## Das 12. Haus

- Element: Wasser
- Tierkreiszeichen: Fische/Symbol: ♓
- Planet: Neptun/Symbol: ♆
- Farbe: lila, algengrün, rosa, schillernde Farben
- Archetyp. Bild: Der Strom ohne Ufer, Nebelschwaden, Ozean
- Archetyp. Gegenstand: Die Tarnkappe, die Augenbinde, der Schleier
- sozialer Archetyp: Der Samariter, Märtyrer, der Weise, der Asylant, Zigeuner, Süchtige, die graue Eminenz
- Naturbild: Alles durchdringende Feuchtigkeit, die das Klima für den neuen Beginn der Natur (Keimung) bereitet
- Kernsatz: Ich sehne mich, leide mit, bete. Ich bin in allem, alles ist in mir

**Begriffe und Bedeutungen:**

*a) abstrakt:*

Anonymität, Tarnung, Möglichkeit, Transzendenz, Zurückgezogenheit, Schleier, Transparenz, Auflösung, Meditation, Kommunion, Contemplation (Schau), Schweigen, Abseits, Ashram, »40 Tage in der Wüste«, Jenseits, Aura, das Unfaßbare, Namenlose, Chaos, Lösung, Grenzenlosigkeit, Mystik.

*b) auf erlösterer Ebene:*
All-Eins-Sein, Mitgefühl, Ahnungsvermögen, humanitäres Wirken, Kloster, Refugium, Selbstlosigkeit, die Fähigkeit zu beten, Demut, Rücksichtnahme, Offenheit, das Wunder, der Traum.

*c) auf unerlösterer Ebene:*
Einsamkeit, Täuschung, Illusion, Hinterhalt, Gefängnis, Krankenhaus, Undifferenziertheit, Wahn, Heimlichkeit, Sucht, Narkose, Betäubung, Lähmung, Kriecherei, Unehrlichkeit, Schleimigkeit.

**12. Haus, 1. Methode**

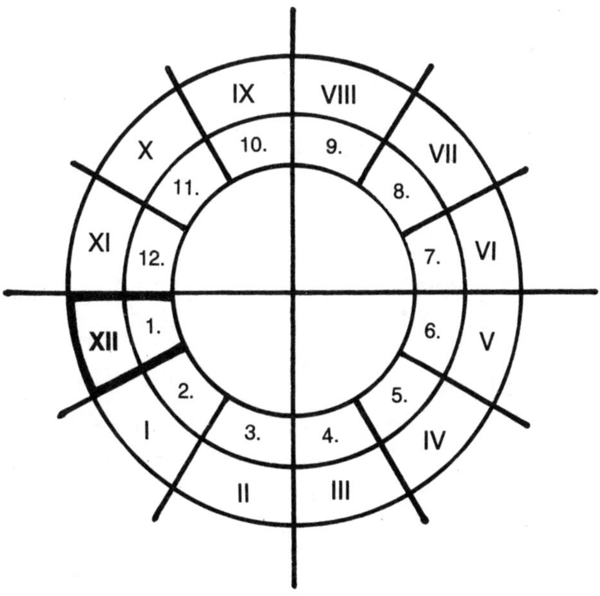

Untersuchung nach 1. Methode:

**1. von 12 = 12:**
- Auflösung (12) ist der Beginn (1) des Chaos (12)
- Schweigen (12) ist der erste Schritt (1) zur Meditation (12)
- Unehrlichkeit (12) ist der erste Schritt (1) ins Gefängnis (12)

**2. von 12 = 1:**
- Die Substanz (2) der Möglichkeit (12) liegt in der Tat (1)
- Der Entschluß (1) ist das Ergreifen (2) einer Möglichkeit (12)
- Der Besitz (2) des Weisen (12) ist sein Körper (1) (»omnia mea mecum porto«)
- Der Körper (1) ist umgrenzte (2) Potenz (12)/geschöpft (2) aus dem Ozean (12)

**3. von 12 = 2:**
- Gezeigte (3) Einfühlung (12) schafft Gruppengefühl (2)
- Weisheit (12) zeigt sich (3) in der Bereitschaft zu integrieren (2)
- Unsicherheit (12) zeigt sich (3) im »Herunterschlucken« (2)

**4. von 12 = 3:**
- Die Heimat (4) der Weisen (12) ist der Wanderstab (3)
- Die Seele (4) der Weisheit (12) ist heiter (3)
- Die Mutter (4) der Betrügerei (12) ist die Beredsamkeit (3)

**5. von 12 = 4:**
- Ausdruck (5) von Demut (12) ist Mitgefühl (4)
- Natur (4) ist sichtbarer Ausdruck (5) des Unnennbaren (12)
- Naivität (4)/Kindlichkeit (4) ist der Ausdruck (5) von Weisheit (12)

**6. von 12 = 5:**

- Wer genaue Kenntnis (6) von den letzten Dingen (12) hat, lebt ganz einfach (5)
- Analyse (6) der Hintergründe (12) verleiht Macht (5)
- Wer nichts (12) weiß (6), gibt an (5)

**7. von 12 = 6:**

- Die Partnerin (7) der Meditation (12) ist Achtsamkeit (6)
- Die Partnerin (7) des Nihilismus (12) ist Kritik (6)
- Wunder (12) und Alltag (6) gehören zusammen (7)

**8. von 12 = 7:**

- Verführung (7) ist suggerierte (8) Illusion (12)
- Schmeichelei (7) ist der Tod (8) der Weisheit (12)
- Partnerschaft (7) ist der Tod (8) des Alleinseins (12)

**9. von 12 = 8:**

- Der Humor (9) der Weisen (12) ist hintergründig (12)
- Das Weltbild (9) der Weisen (12) ist die Reinkarnation (8)
- Der Märtyrer (12) sieht seinen Sinn (9) im Opfer (8)

**10. von 12 = 9:**

- Aus Selbstlosigkeit (12) ergibt sich (10) Großzügigkeit (9)
- Das Ergebnis (10) von Meditation (12) ist Entwicklung (9)
- Konsequentes (10) Im-Fluß-Sein (12) ist Evolution (9)

**11. von 12 = 10:**

- Angst (10) ist die Flucht (11) vor dem Nichts (12)
- Form/Gestalt (10) ist die Karikatur (11) des Unnennbaren
- Form (10) ist Befreiung (11) von der Formlosigkeit (12)
- Disziplin (10) befreit (11) von Schwäche (12)

**12. von 12 = 11:**

- Ideen (11) haben nichts (12) zu verlieren (12)

• Extravaganz (11) ist Tarnung (12) von Unsicherheit (12)
• Am Ende (12) aller Ende (12) steht der Absprung ins Neue (11)

## 12. Haus, 2. Methode

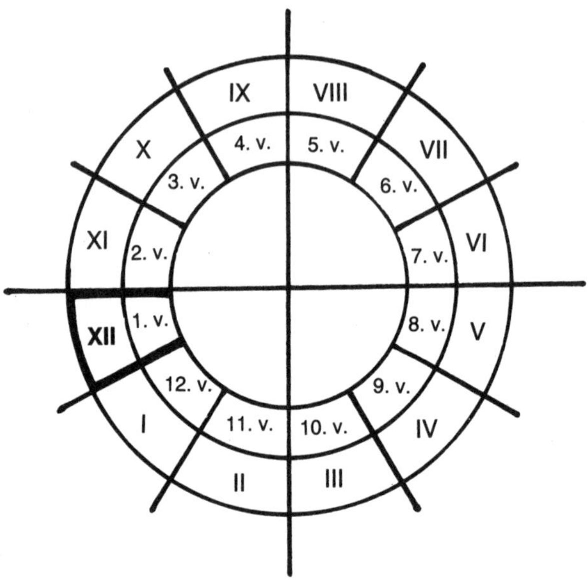

Untersuchung nach 2. Methode:

**12 = 1. von 12:**
- Demut (12) ist der Entschluß (1) zur Selbstlosigkeit (12)

**12 = 2. von 11:**
- Wer unscheinbar (12) bleibt, bewahrt sich (2) die Freiheit (11)
- Im Chaos (12) liegt die Substanz (2) für Einfälle (11)
- Der Weise (12) hat seine Wurzeln (2) im Himmel (11)

**12 = 3. von 10:**
- Dem Weisen (12) offenbart sich (3) das Gesetz (10)
- Demut (12) ist demonstrierte (3) Bescheidenheit (10)
- Im Gefängnis (12) sieht man (3) durch Gitter (10)

**12 = 4. von 9:**
- Leiden (12) ist die Mutter (4) der Entwicklung (9)
- All-Ein-Sein (12) ist die Quelle (4) der Religio (9)
- Täuschung (12) ist die Mutter (4) der Großspurigkeit (9)

**12 = 5. von 8:**
- Weisheit (12) ist ein Ausdruck (5) von Wandlungsfähigkeit (8)
- Das Auftreten (5) von Spionen (8) ist getarnt (12)
- Zersetzung (12) ist der Ausdruck (5) des Todes (8)

**12 = 6. von 7:**
- Demut (12) heißt Dienst (6) am anderen (7)
- Einfühlung (12) ist differenziertes Erfassen (6) des anderen (7)
- Meditation (12) ist achtsamer Umgang (6) mit dem, was einem begegnet (7)

**12 = 7. von 6:**
• Chaos (12) ist das Gegenteil (7) von Differenzierung (6)
• Der Traum (12) ergänzt (7) die Alltagsrealität (6)
• Der Asylant (12) begegnet (7) dem Verwaltungsbeamten (6)

**12 = 8. von 5:**
• Selbstlosigkeit (12) ist Verzicht (8) auf Dominanz (5)
• Im Krankenhaus (12) stirbt/wandelt sich (8) Vitalität (5)
• Tarnung (12) ist verdrängter (8) Ausdruck (5)

**12 = 9. von 4:**
• In der Meditation (12) weitet sich (9) die Seele (4)
• Der Ozean (12) ist ein riesiges (9) Wasser (4)
• Durch Tarnung (12) wirbt (9) die Frau (4) für sich

**12 = 10. von 3:**
• Nichts (12) ist das Ergebnis (10) alles Kennbaren (3)
• Schweigen (12) ist das Ergebnis (10) des Redens (3)
• Täuschung (12) ist das Ziel (10) der Schläue (3)

**12 = 11. von 2:**
• Der Weise (12) ist frei von (11) Besitzansprüchen (2)
• Auflösung (12) ist die Entpolarisierung (11) der Substanz (2) • Meditation (12) befreit (11) vom Festhalten (2)

**12 = 12. von 1:**
• Weisheit (12) ist die Möglichkeit (12) zu handeln (1)
• Demut (12) ist Loslösung (12) vom Ich (1)
• Peinlichkeit (12) ist Unsicherheit (12) des Ich (1)

# Teil III
# Das »Häusermandala« und seine Konsequenzen für das Verständnis anderer astrologischer Deutungsfaktoren

## 1. Das Verhältnis der Tierkreiszeichen zueinander

Die Technik des In-Bezug-Setzens der Häuser zueinander hat Konsequenzen auch für andere Deutungskomponenten eines Horoskopes.

Denn die Analogie zwischen Häusern und Tierkreiszeichen (Widder entspricht 1. Haus, Stier dem 2. Haus, Zwillinge dem 3. Haus usf.) macht es möglich, die aus dem Häusermandala gewonnenen Erkenntnisse auf die, entsprechenden Tierkreiszeichen bzw. deren Herrscher analog zu übertragen. Auf diese Art und Weise erhalten wir nicht nur ein sehr differenziertes Bild von dem Verhältnis einzelner Tierkreiszeichen zueinander, sondern können auch jedes Tierkreiszeichen für sich besser verstehen lernen.

Einige Beispiele mögen dies illustrieren:

Das Tierkreiszeichen Schütze ist das 8. Zeichen vom Stier aus betrachtet (vgl. Abb. 1 Seite 159).

Das bedeutet, daß die Qualitäten des Zeichens Stier in der Begegnung mit Schütze-Qualitäten absterben, da Schütze quasi das »Todeshaus« des Stieres ist. Das Verwurzelungsbestreben des Stieres wird in Konfrontation mit der sprichwörtlichen Reiselust des Schützen geopfert (8) werden müssen. Auch die Tatsache, daß Reisen (im größeren Schütze-Stil) viel Geld (2) kosten, veranschaulicht das Verhältnis von Stier zu Schütze (1/8). Andererseits zeigt die 6. Haus-Position des Stieres vom Schützen aus gesehen (vgl. Abb. 2 Seite 159), daß der Schütze, wenn er in »Reviere« (2) gerät, lernen muß, sich anzupassen (6).

Dabei umschreibt der Zeichenabstand exakt, was das einzelne Tierkreiszeichen im Umgang mit anderen lernen muß. In unserem Beispiel muß also der Schütze, da er im Stier in seinem 6. Entwicklungsschritt (Haus) angekommen ist, lernen, sich vernünftig anzupassen (6), und zwar den Gesetzen, die für Zusammengehörigkeit, Gruppe, materiellen Fundus, sinnliche Empfindung etc. (also Stierqualitäten) stehen.

Kommt der weitgereiste »Mann von Welt« (Schütze) in die »bäuerliche Wirtschaft« (Stier), so tut er – wie uns das Häusermandala verrät – gut daran, sich den bäuerlichen Gebräuchen anzupassen (6).

Andererseits muß der Stier, der im Schützen in seinem 8. Entwicklungsschritt angekommen ist, loslassen lernen (8), sich von Grund auf wandeln lernen (8), sich aufopfern lernen (8). Sinnlichkeit und Besitzdenken (Stier) müssen also, wenn es um Entwicklung geht (Schütze), aufgegeben werden (8).

Das Verhältnis zwischen beiden Zeichen wird dabei um so besser sein, je mehr jeder von beiden sich auf seine eigene Lernaufgabe konzentriert. Denn damit macht er es dem anderen leicht, seinen Teil beizutragen.

Beispiel: Ist der »Priester« (Schütze) in der Lage, sich dem Anspruch des »Bauern« (Stier), mit ihm zusammen zu essen, anzupassen (6), so wird auch dieser ihm lieber die Opfergabe (8) überlassen.

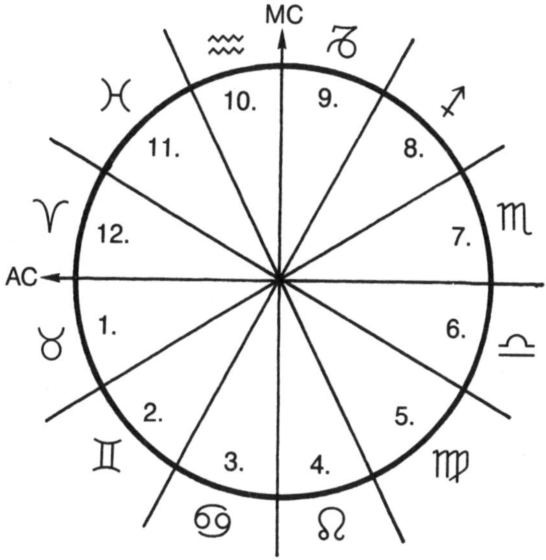
MC
AC
10.
9.
8.
7.
6.
5.
4.
3.
2.
1.
12.
11.

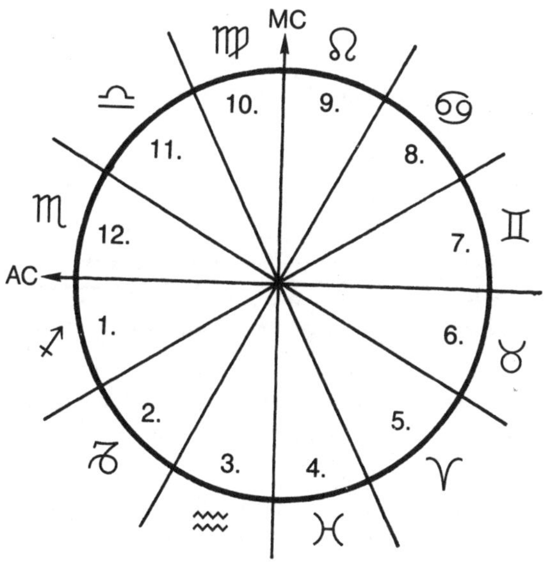
MC
AC
10.
9.
8.
7.
6.
5.
4.
3.
2.
1.
12.
11.

Wehrt er sich dagegen gegen den Festhaltegriff des Stieres (der ja nicht böse gemeint ist, sondern nur dessen Ausdruck von Angst), so mag es sein, daß er selbst davon krank wird (Krankheit als unerlöstere Ebene des 6. Hauses, die über das Patient-Sein, patientia = lat. Geduld als höhere Entsprechung des 6. Hauses vermitteln möchte) und den Haß (unerlöstere Entsprechung des 8. Hauses) des Bauern provoziert.
Mittels des Häusersystems und der Idee der spiralförmigen Entwicklung können wir also auch im Verhältnis der Tierkreiszeichen zueinander verschiedene Entwicklungshöhen bei der Interpretation berücksichtigen.
Wir können aus dem »Häuserverhältnis« der Tierkreiszeichen zueinander aber nicht nur ablesen, was das einzelne Tierkreiszeichen in der Konfrontation mit einem anderen Zeichen lernen muß, sondern auch, was das einzelne Zeichen einem anderen spezifisch zu geben vermag.
So kann der Stier in unserm Beispiel dem Schützen vor allem Rationalität, den Blick für die notwendige Anpassung an die Erfordernisse des Alltagslebens, kurzum vernünftiges, zweckbetontes Verhalten, und den nötigen Blick für den »Teufel im Detail« (alles 6. Haus-Qualitäten) vermitteln und ihn damit aus seinen – oft großzügig pauschal-vereinfachten – geistigen Höhenflügen auf den Boden der Tatsachen holen. Der Schütze hingegen vermag den Stier in einen tiefgründigen Wandlungsprozeß zu geleiten, ihm zu helfen, von seinen Besitzansprüchen abzulassen und seine Wurzeln mehr in der Geistigkeit als im Materiellen zu schlagen (8. Haus-Qualitäten).
Anhand Ihres Horoskopes können Sie also beispielsweise feststellen, welche Zeichen von Ihnen vor allem verlangen, sich vernünftig anzupassen und Sie »zur Vernunft zu bringen« (nämlich das Zeichen, das im 6. Haus Ihres Tierkreiszeichens steht), oder welches Tierkreiszeichen Sie vor allem an Ihre Grenze bringt und eine grundsätzliche Wandlung von Ihnen verlangen (nämlich das Zeichen, welches im 8. Haus Ihres

Tierkreiszeichens steht). Wenn Sie die Beziehung von Widder und Krebs zueinander als weiteres Beispiel untersuchen, so sehen Sie, daß Krebs im 4. Hause des Widders steht (Abb. 1) und andererseits Widder im 10. Hause des Krebses (Abb. 2).

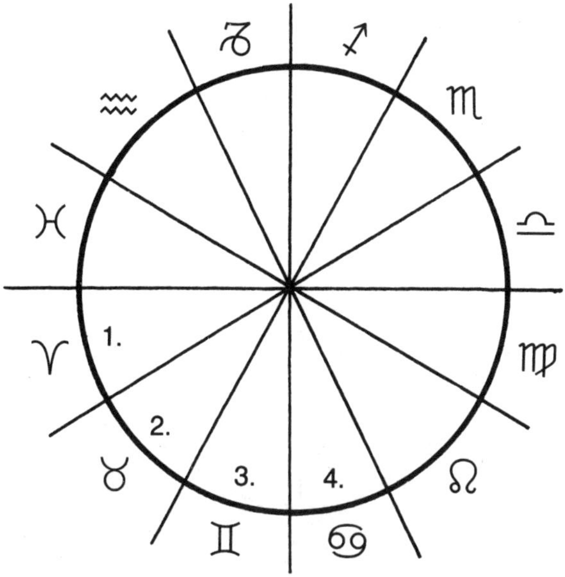


Abb.1

Das bedeutet, daß der Widder sein Bedürfnis nach »Zuhause« (4. Haus) am besten im Zusammenleben mit einem Krebs erfüllen kann, während er seinerseits dem Krebs am besten bei dessen beruflichen Ambitionen (10. Haus) behilflich sein kann. Der Widder verkörpert dem Krebs Öffentlichkeitswirkung (10), ist dessen »Über-Ich« (die Zielsetzung [10] des Krebses ist Eigeninitiative [Widder] zu entwickeln), während der Krebs für den Widder Inbegriff familiärer Nähe (4) und Hingabefähigkeit ist. Mit Hilfe der aus dem Häuserkreis gewonnenen Bezüge können Sie also um ein Wesentliches differenzierter, als das die pauschalen, eher »vulgärastrologischen« Aussagen: »Löwe paßt zu Widder (Trigonverhältnis) oder zu Zwillinge (Sextilverhältnis), nicht dagegen zu Stier (Quadratverhältnis) oder Wassermann (Opposition)« zulassen, das Verhältnis der Zeichen zueinander klären. Die Vulgärastrologie würde etwa das Verhältnis Widder zu Krebs als »schlecht« ansehen, weil beide Zeichen im Quadrat zueinander stehen, während wir mit Hilfe des Häusermandalas zu obiger Aussage gelangen.

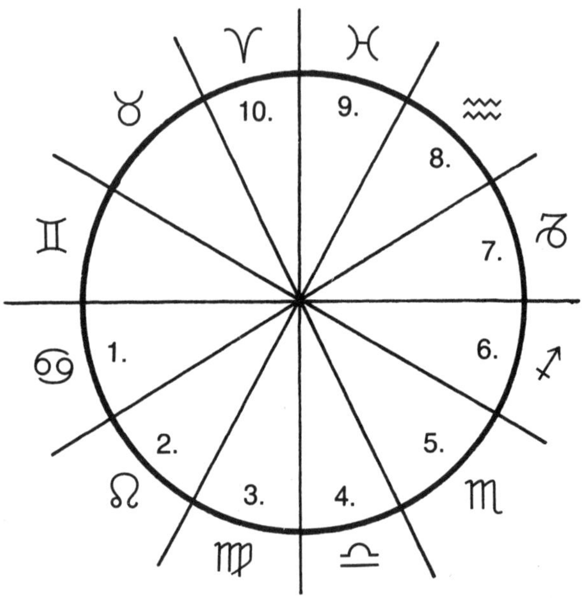


Abb. 2

## 2. Konsequenzen aus dem Häuserkreis für die Aspekte

Wie wir an dem Verhältnis Widder/Krebs beispielhaft sahen, stehen Quadratbeziehungen im Häuserkreis immer in der Relation Ursprung (4) zu Zielsetzung (10) zueinander.
Die Verbindung 4 zu 10 kennen wir als Achse mit dem Namen: »Individuationsachse«. Dies zeigt uns, daß das Quadrat der Aspekt ist, der von allen Aspekten am meisten mit Individuation, mit Reifung zu tun hat. Mit dem Quadrat sind Kindheit (4) und Alter (10) verknüpft, Naivität (4) und Format (10) sowie der Zeitaspekt, der Ursprung (4) und Ergebnis (10) voneinander trennt.
Der Individuationsweg mag uns manchmal launenhaft (4) und hart (10) erscheinen, verlangt Anpassung an die Stimmung des Moments (4) und zugleich »Rückgrat« (10). Dies mag uns eine Erklärung dafür sein, warum das Quadrat in der Vulgär-

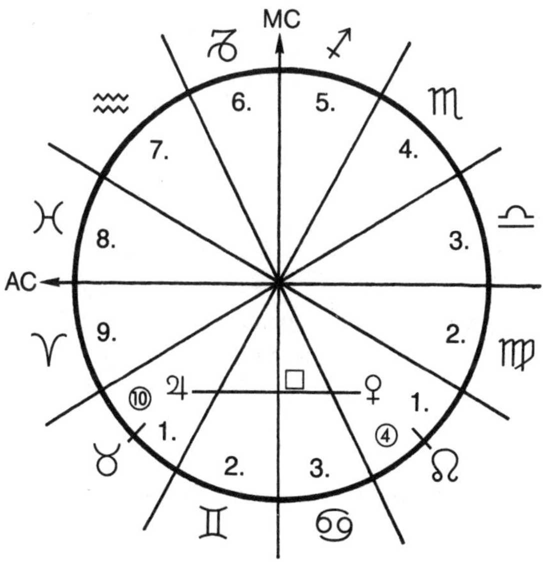

astrologie so übel beleumundet ist, da der Mensch die Arbeit der Reifung offenbar nicht so gerne mag und als Sisyphus-Arbeit erfährt. Andererseits sehen wir aus dem Vergleich mit dem Häuserkreis, daß es der Aspekt ist, der uns am nächsten mit Gefühls(4)-Tiefe (10) und Zeit(10)-Gefühl (4) verbindet. Einer der beiden im Quadrataspekt miteinander verbundenen Horoskopfaktoren verkörpert für den anderen Zielsetzung und Berufung, der andere dagegen Basis und Quelle.
Gehen wir beispielsweise mit obiger Abbildung davon aus, daß Jupiter in 15 Grad Stier im Quadrat zur Venus in 15 Grad Löwe steht. Dann befindet sich die Venus im 4. Haus von Jupiter aus betrachtet, und Jupiter steht im 10. Haus von der Venus aus gesehen, so daß wir das für den Quadrataspekt typische 4/10-Verhältnis haben.
Für die Deutung unseres Beispiels müssen wir uns also vor Augen führen, daß Jupiter aus der Sicht der Venus Zielsetzung und Über-Ich (10) verkörpert, während Jupiter die Venus als Quelle (4) erachtet. In einer konkreten Deutung hieße das, daß auf der Basis (Venus in 4. Haus-Position von Jupiter aus) freundlicher (Venus) Ausstrahlung (Löwe/5. Haus) Expansion (Jupiter) im eigenen Revier (2. Haus) angestrebt (jupiter in 10. Haus-Position von Venus) wird.
In nachstehender Abbildung ist die Venus im 7. Haus stehend in der 10. Haus-Position von Saturn aus gesehen, während Saturn im 10. Haus stehend in der 4. Haus-Position aus Sicht der Venus ist. In diesem Quadrataspekt verkörpert also Saturn die Quelle (4) und Venus das gesetzte Ziel (10). Eine mögliche Deutung könnte demnach lauten: »Der Horoskopeigner strebt danach, von anderen begehrt zu werden (Venus in 7), indem er in der Öffentlichkeit (10. Haus) pflichtbewußt (Saturn) auftritt. Er sieht die Seriosität (Saturn) seines Auftretens in der Öffentlichkeit als Quelle (Saturn in der 4. Hausposition von Venus aus) der ihm entgegengebrachten Zuneigung (Venus in 7) an.«

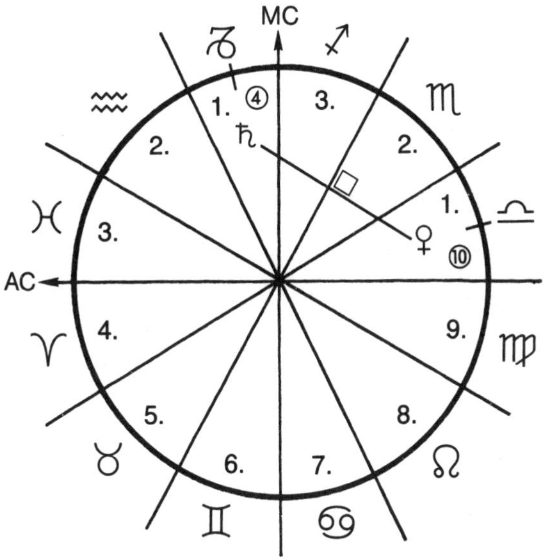
MC
AC
1.
④
3.
2.
2.
1.
3.
⑩
4.
9.
5.
8.
6.
7.

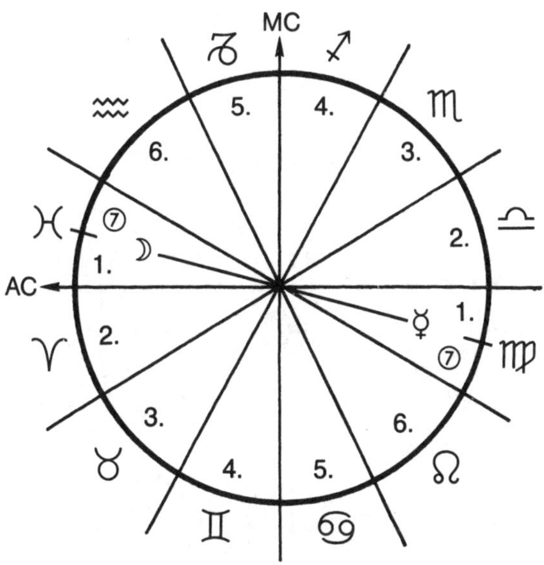
MC
AC
5.
4.
6.
3.
⑦
2.
1.
1.
2.
⑦
3.
6.
4.
5.

Stehen zwei Faktoren des Geburtsbildes in *Opposition* zueinander, so bedeutet das, am Häuserkreis gemessen, daß jeder der Faktoren im 7. Haus des anderen steht, also in der Relation 1I7, die uns bereits als *Begegnungsachse* bekannt ist. Es geht hier also um Partnerschaft, um Ergänzung, um Herausforderung und darum, Gleich(7)-Mut (1) zu lernen.

Im Abbildungsbeispiel fordern sich also ein zur Mystik hingezogenes Gefühlsleben (Mond in 12 in Fische) und der in Opposition stehende rationale, zweckmäßige, ganz auf die Alltagsnüchternheit ausgerichtete Verstand (Merkur in 6 in Jungfrau) gegenseitig heraus, sehnen sich nach partnerschaftlicher Ergänzung.

Ergibt sich ein *Trigon* zwischen Horoskopfaktoren, so stehen die Faktoren – am Häuserkreis gemessen – im Verhältnis 5. Haus und 9. Haus zueinander, was uns zeigt, daß es beim *Trigon* um *Ausdruck* (5) und *Entwicklung* (9) geht.

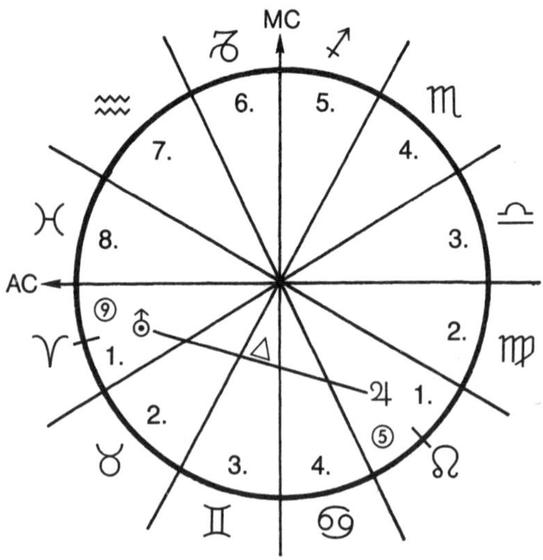

In vorstehender Abbildung steht Neptun in der 5. Haus-Position von Uranus aus, und Uranus in der 9. Haus-Position von Neptun.
Das bedeutet, daß sich der persönliche Originalitätsanspruch, Extravaganz und Eigenwilligkeit (Uranus am Aszendenten) des Horoskopeigners dadurch *ausdrücken* wollen, daß er sich im Auftreten undurchschaubar, oder mystisch gibt (Neptun in 5 in Löwe).
Diese unfaßbare Ausstrahlung fußt dabei auf der Philosophie persönlicher Freiheit, denn der die persönliche Freiheit symbolisierende Uranus steht ja von Neptun aus betrachtet in dessen 9. (Philosophie) Haus.
Neptun strahlt hier also »Uranisches« aus und entwickelt sich seinerseits im Uranischen.
Auf eine Kurzformel gebracht, zeigt uns der Trigonaspekt am Häusersystem gemessen, daß man durch den Bereich seine stärkste Ausstrahlung erfährt, in dem man sich entwickelt (9) oder an den man glaubt (9).

Der Sextilaspekt verbindet zwei Horoskopfaktoren am Häuserkreis gemessen im Verhältnis: 3. Haus/11. Haus.

Dieses Verhältnis weist nach der Bedeutung der Häuser hin auf die Thematik: Vermittlung (3)/Freiheit (11), Kameradschaft (3)/ Freundschaft (11), Austausch (3) und Inspiration (11), die wir also als Qualitäten des Sextils werten können. Die Tatsache, daß sowohl das 3. Haus als auch das 11. Haus die Elementarqualität Luft verkörpern, zeigt auch, daß das Sextil »luftigen« Charakter hat, so wie das Trigon (Häuser 5 und 9) »feurigen« und Opposition und Quadrat jeweils Mischcharakter zweier Qualitäten, nämlich Feuer/Luft bei der Opposition (Häuser 1 und 7!) und Wasser/Erde beim Quadrat (Häuser 4 und 10!).

Unser konkretes Beispiel (Abb.) mit Mars in 5 in Löwe Sextil Pluto in 7 in Waage könnte auf einer Deutungsebene etwa heißen, daß entschiedenes, tatkräftiges Auftreten (Mars, 5, Löwe) hinführt zu (vermittelt: Pluto in 3. Haus Position von Mars) Suggestionswirkung in der Partnerschaft (Pluto in 7, Waage) und daß andererseits der Perfektionsanspruch und die Idealisierungsneigung in der Beziehung (Pluto in 7, Waage) sich durch die maskuline, aggressive Art des Auftretens inspirieren lassen (Mars im »Inspirationshaus« 11 von Pluto aus).

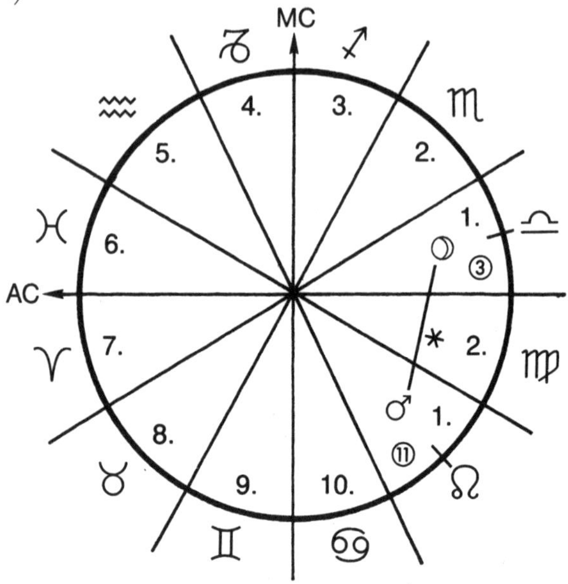

Daß das *Quinkunx* (150-Grad-Aspekt) als »Qual der Wahl«-Aspekt gilt, findet seine Bestätigung auch bei einer Untersuchung am Häuserkreis.

Denn die durch diesen Aspekt verbundenen Horoskopfaktoren stehen im Verhältnis Haus 6 – Haus 8 zueinander, also im Verhältnis »kritische Unterscheidung« (6) zu »zäher Metamorphose« (8) oder »vernunftbetonter Anpassung« (6) zu »Selbstaufopferung« (8).

In nachstehender Abbildung würde etwa für den Horoskopeigner der »Qual der Wahl«-Konflikt bestehen, die eher kindliche Ausstrahlung (»Kindchenschema«: Mond in 5) zu verbinden mit intellektueller Profilierung in der Öffentlichkeit (Merkur in 10, Steinbock).

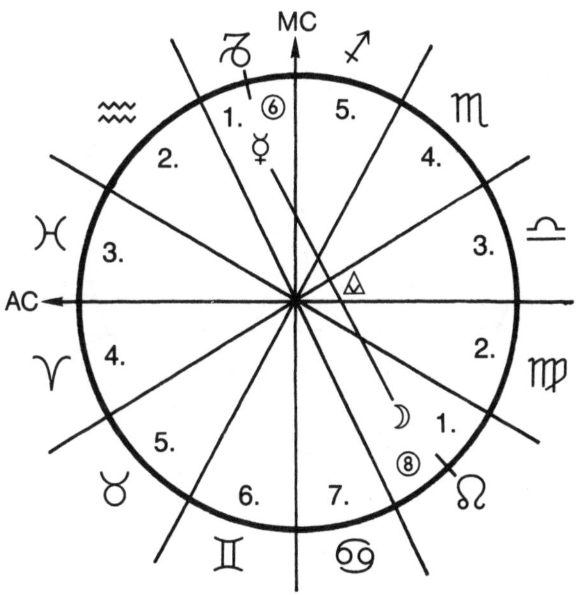

Dabei weist uns Merkur in der 6. Haus-Position von Mond darauf hin, daß die Lernaufgabe besteht, das Emotionale (Mond) vernünftig an die Bedürfnisse, sich öffentlich zu artikulieren (Merkur in 10), anzupassen. Andererseits zeigt der Mond im 8. Haus von Merkur, daß der Intellekt lernen muß, sich selbst dort aufzuopfern (8), wo es in der Privatsphäre um kindlich-spielerischen Selbstausdruck geht (Mond in 5). Das Quinkunx hat – wie das Quadrat – die Elementenmischung Erde/Wasser (6. Haus/8. Haus!).

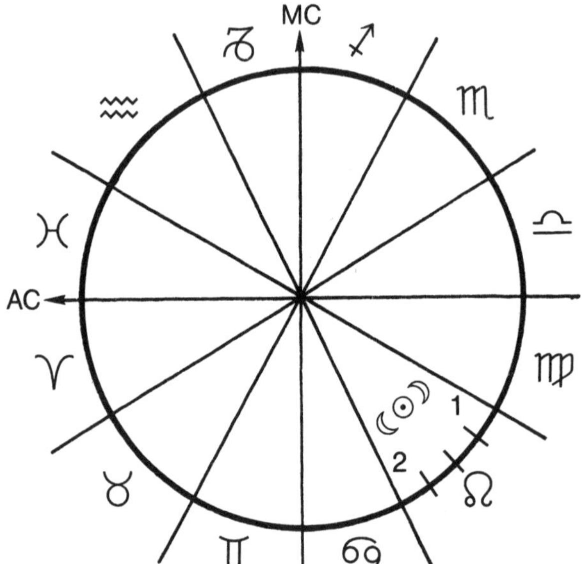

Die *Konjunktion* stellt sich, am Häuserkreis gemessen, als Verhältnis Haus 1 zu Haus 1 dar, hat damit die Elementarqualität Feuer und den impulsiven, subjektiven Charakter des 1. Hauses (analog Widder). Sie ist Symbol energiegeladener, entscheidungsreifer Einheit, die nach Entfaltung drängt (1). Bei weiten Konjunktionen, besonders zwischen Sonne und Mond, kann auch ein Verhältnis Haus 1/Haus 12 vorliegen, also Anfang (1) und Ende (12), Impuls (1) und Transzendenz (12), Kraft (1) und Zartheit (12).

Die Konjunktion zwischen Sonne und Mond 1 in nebenstehender Abbildung (also zunehmendem Mond kurz nach Neumond) zeigt den Mond in der 1. Haus-Position, von der Sonne aus gesehen, und verrät demnach einen ungestümen, instinktiven Drang der Seele nach Entfaltung (1. Haus-Symbolik analog Widder), während die Konjunktion der Sonne mit Mond 2 (also abnehmendem Mond kurz vor Neumond) den Mond in der 12. Haus-Position von der Sonne aus gesehen zeigt. Diese Position charakterisiert eine eher erschöpfte, durch Erfahrung weise und durchlässig gewordene Seele (12. Haus-Symbolik analog Fische), die sich nach der im Neumond stattfindenden Vereinigung mit der Sonne sehnt. Mit Hilfe des Entwicklungsmodelles des Häuserkreises lassen sich also gerade im Falle der Konjunktion sehr wesentliche Deutungsunterschiede erarbeiten.
Abschließend sei zum Thema der Aspekte noch auf den recht indifferenten Aspekt des Halbsextiles (30-Grad-Aspekt) hingewiesen, dessen verbundene Horoskopfaktoren im Verhältnis Haus 2 zu Haus 12, also im Verhältnis Erde zu Wasser, Halt zu Lösung stehen.
Das Abbildungsbeispiel würde etwa einen Menschen beschreiben, der seinen Halt im Besitz sucht (Saturn in 2) und diesen Halt zu festigen versucht, indem er ständig neue (Geschäfts)-Beziehungen auskundschaftet. Das Beziehungen-Auskund-

schaften wird dabei durch Merkur in 3 dargestellt, während Merkur in der 2. Haus-Position, von Saturn aus gesehen, ein Indiz dafür ist, daß durch Merkur Saturninteressen gefestigt oder zum Bestand gemacht (2) werden sollen.
Andererseits zeigt Saturn in der 12. Haus-Position von Merkur, daß bei entsprechendem Kontakt die Suche nach der Stütze im Materiellen (Saturn in 2) gelöst werden kann (12), bzw. daß ein stabilisiertes Eigenwertempfinden (Saturn in 2) auf die Kontaktfähigkeit (Merkur in 3) erlösend wirkt (12).

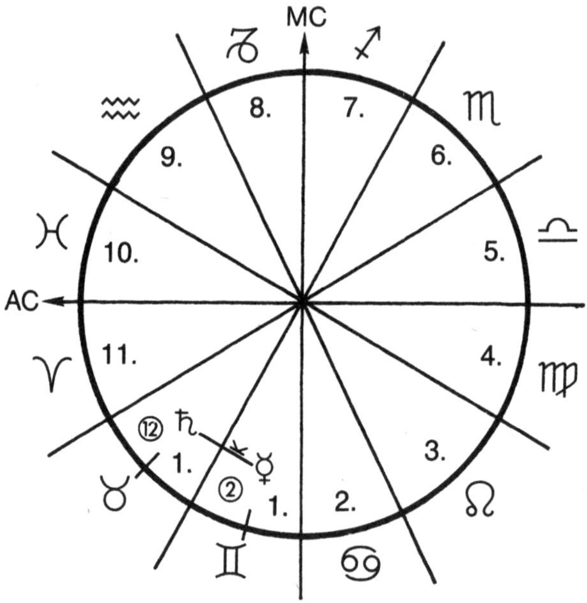

## 3. Konsequenzen aus der Betrachtung des Häuserkreises für die einzelnen Tierkreiszeichen

Nicht nur die Beziehungen zwischen den Tierkreiszeichen oder einzelnen Aspektfaktoren können mittels des Häuserkreises differenzierter analysiert werden, sondern auch jedes einzelne der Tierkreiszeichen für sich. Dazu muß das Tierkreiszeichen, welches wir einer näheren Betrachtung unterziehen wollen, an den Anfang, also den Aszendenten des Häuserkreises gestellt werden, da wir uns für das *Uranliegen*, den *Urimpuls* (= 1. Haus, Aszendent), der durch das Zeichen entfaltet werden möchte, interessieren.

Wenn wir mittels dieser Technik die 12 Tierkreiszeichen analysieren, so erhalten wir zunächst für *Widder* folgendes Bild:

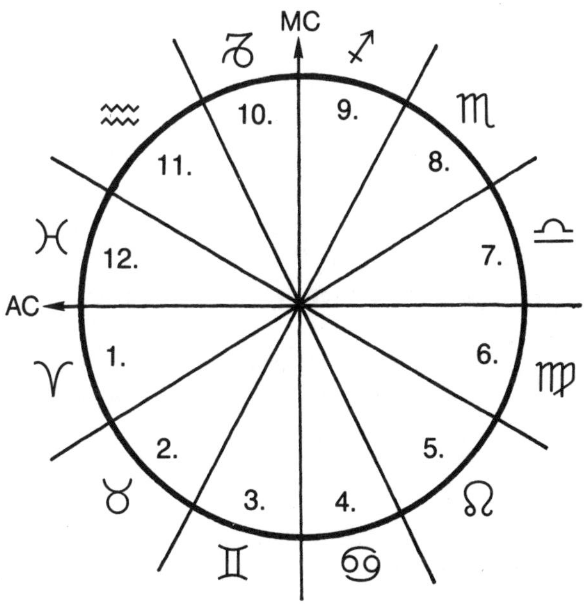

Dieses Bild entspricht der Unmittelbarkeit und Direktheit, welche den Widdertypus auszeichnet, da hier Zeichen und Häuserebene in unmittelbarer Entsprechung zueinander stehen. Dennoch wollen wir auch dieses Beispiel mit wenigen Worten interpretieren, indem wir die Färbung der einzelnen Häuser des Widders betrachten:

- Das Anliegen, der Urimpuls (1. Haus) des Widders ist kämpferisch, entschlossen, impulsiv, tatkräftig (Widder).
- Im Besitzbereich, Geldangelegenheiten (2. Haus) ist er zupackend, besitzergreifend, sammelnd (Stier).
- Im Kommunikationsbereich und engeren, kameradschaftlichen Umfeld (3. Haus) ist er kameradschaftlich, flexibel und interessiert (Zwillinge).
- In der Privat- und Intimsphäre (4. Haus) verhält er sich gefühlvoll bis kindlich (Krebs), hat ein periodischen Schwankungen unterworfenes, launenanfälliges Gefühlsleben.
- Im Auftreten, Ausdruck, Spiel und Sex (5. Haus) verhält er sich wie ein Pascha (Löwe), auf Anerkennung seiner Macht und Männlichkeit (Löwe) bedacht.
- Am Arbeitsplatz und im Umgang mit den Pflichten des Alltags (6. Haus) kann er als verläßlich, zweckgerichtet und eher vorsichtig (Jungfrau) gelten.
- Im Umgang mit anderen (7. Haus) erwartet er vom Partner Kompromißbereitschaft und Alternativen (Waage), sucht dort nach Harmonie und Ergänzung.
- In seinen Leitbildern (8. Haus) hat er Tendenz zur Zähigkeit und Verbissenheit (Skorpion) und vermag sich für seine Ideale (8) aufzuopfern (Skorpion).
- Im religiösen Bereich (9. Haus) ist er vertrauensvoll bis pathetisch (Schütze).
- In der Öffentlichkeit, Beruf und Gesellschaft (10. Haus) ist er ehrgeizig, strebsam und eher kühl (Steinbock).
- Im Reich der Ideen (11. Haus) kann er sich über einen

Mangel an Einfällen sicher nicht beklagen, sondern wird von Geistesblitzen geradezu gejagt (Wassermann).

- In der Zurückgezogenheit (12. Haus) lebt er in stiller, meditativer Verfassung (Fische), oder unerlöst: greift er zur Pulle (Fische).

Auch bei der Untersuchung der Tierkreiszeichen hängt die Interpretation – wie der letzte Satz illustrieren konnte – weitgehend von dem Entwicklungslevel ab, wie wir das auch schon bei dem Häuserkreis feststellen konnten. Ob sich Fische im 12. Haus als Besäufnis im Geheimen oder als Eintritt ins Nirvana manifestiert, liegt an der Entwicklungsebene des Horoskopeigners und nicht in der Symbolik an sich begründet.

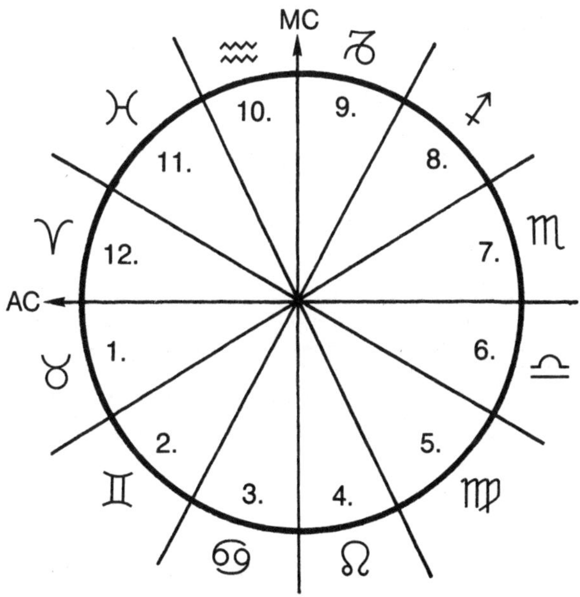

Der *Stier* charakterisiert sich nach dem Häuserkreis wie folgt:

- Das Uranliegen, der Urimpuls (1) des Stieres ist: Festhalten, Zusammenhalten, eine Gruppe bilden (Stier).
- Im Besitzbereich, in Geldangelegenheiten (2) ist er vielseitig und lebt vom Tausch (Zwillinge), auch möchte er Beziehungen (Zwillinge) zum Bestand machen (2).
- In der Kommunikation (3) ist der Stier gefühlsbetont, schätzt im Umgang mit seinem näheren Umfeld (3) ein familiäres Klima.
- Sein Zuhause, seine Privatsphäre (4) stattet er eher prunkvoll/ ausdrucksstark (Löwe) aus, und übernimmt in der Familie (4) gerne das Regiment (Löwe).
- Wenn es um Risikobereitschaft, Selbstausdruck, Spiel und Sex geht (5), gibt er sich sehr vorsichtig, sicherheitsbewußt und vernünftig (Jungfrau), ist also mehr ein Freund kalkulieren (Jungfrau) Risikos (5) und eher angepaßt (Jungfrau) im Selbstausdruck (5).
- Am Arbeitsplatz und Alltag (6) zeigt er sich diplomatisch und kompromißbereit (Waage) und erwartet sich dies auch von Kollegen. Er verhält sich in diesem Anpassungssektor des Lebens eher konfliktfeindlich (Waage) und sucht dort den Frieden.
- In der Partnerschaft (7) hat er hohe Leitbilder bis hin zur Erwartung der Perfektion beim Partner (Skorpion) und schwankt zwischen Extremen von Selbstaufopferung für den Partner und vampiristischer Abhängigkeit vom Partner (Skorpion in 7) mit Eifersuchtsgefühlen hin und her.
- Im Bereich seiner Leitbilder und Modellvorstellungen vom Leben (8) verhält er sich sendungsbewußt bis missionarisch (Schütze).
- Seine Lebensphilosophie (9) orientiert sich an der harten Realität (Steinbock), trägt also weniger spekulative als praktikable Züge.

- In seinen beruflichen Zielvorstellungen und seiner Art, in der Öffentlichkeit aufzutreten (10), hat er ein großes Bedürfnis nach Originalität (Wassermann) und möchte sich durch Hierarchien nicht einengen lassen.
- Das Reich der Ideen (11) ist für ihn weniger faßbar als vom Gefühl her erspürbar (Fische).
- Seinen Zorn (Widder) macht er im Hintergrund (12) mit sich ab, da er ja von seiner Grundveranlagung her (1) eher zum Schlucken neigt.

Untersucht man das Tierkreiszeichen *Zwillinge* mit dem Häuserkreis, so ergeben sich folgende Aussagen:

- Das Uranliegen, der Urimpuls (1) des Zwillings ist Kommunikation, Austausch, Vermittlung und Erkundung (Zwillinge).
- In Besitzangelegenheiten (2) verläßt er sich auf sein Gefühl (Krebs) und paßt sich geschickt seelisch der Situation an. Der materielle Fundus (2) des Händlerzeichens Zwillinge wird von Ebbe und Flut (Krebs) gekennzeichnet, ist also vielen Wandlungen unterworfen.
- Seinen Selbstausdruck (Löwe) findet der Zwilling vor allem bei Vermittlungstätigkeiten und Kommunikation (3) und wandert (3) nach Herzenslust (Löwe) gerne.
- In der Privatsphäre (4) exakt bis penibel (Jungfrau), kontrolliert er seine Gefühle vernünftig, wobei der »Zensor« Intellekt nur die Gefühle passieren läßt, die »klinisch getestet und für harmlos befunden sind«.
- Wenn es um Risikofreude, Selbstausdruck, Spiel und Sexualität (5) geht, verhält sich der Zwilling »vage« bis unentschlossen (Waage), tritt charmant und freundlich auf, sucht mit Machtangelegenheiten (5) diplomatisch (Waage) zu verfahren, und hat eine eher »lauwarme« (Waage) Ausstrahlung (5).

- Mit dem Arbeitsplatz verbindet den Zwilling ein »Haßliebegefühl« (Skorpion), was dazu führen kann, daß er sich entweder dafür aufopfert oder aber kalt links liegen läßt.
- Dem Begegnungssektor (7) widmet er sich voller Optimismus (Schütze), sucht die Sinnhaftigkeit (Schütze) in der Ergänzung (7), hat sehr zahlreiche Beziehungen, bei denen mehr die Freude als die Tiefgründigkeit im Vordergrund steht.
- Die Leitbilder (8) des Zwillings sind an Realismus und Pragmatismus (Steinbock) orientiert und für seinen grundsätzlichen Anspruch an Flexibilität erstaunlich starr.
- Seine Lebensphilosophie (9) ist: »Freiheit, Gleichheit, Brüderlichkeit« (Wassermann). Er ist bemüht, Wertungen (9) zu entpolarisieren und Gegensätze, die auf Wertungen beruhen, zu nivellieren.
- In der Öffentlichkeit (10) spielt er oft mit verdeckten Karten (Fische), hat die Tarnkappe auf und setzt sich gesellschaftlich für humanistische Ideale ein.
- Er steckt seine ganze kämpferische Energie (Widder) in die Welt der Gedanken (11), kämpft für Freiheit und Freundschaft (11) und für das Neue, Unübliche (11).
- Seine Sinnlichkeit (Stier) bleibt im Verborgenen (12), ist auch für ihn selbst schwer zu fassen (12) oder wird transzendiert (12). (Zwillinge sind als vom Merkur beherrschtes Zeichen neutral/bigeschlechtlich.)

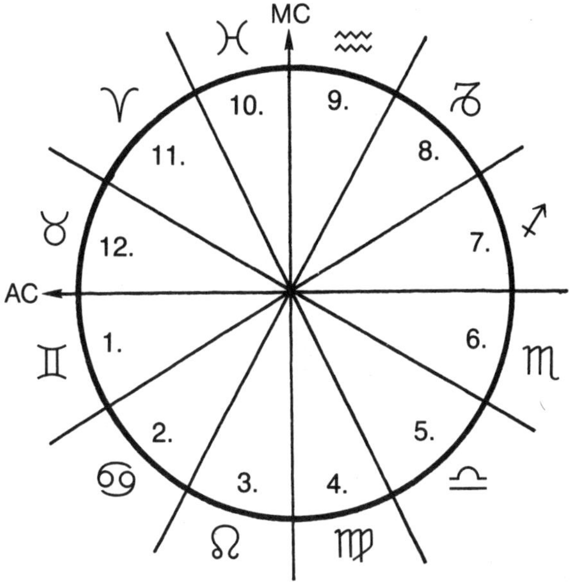


Bei der Betrachtung des *Krebses* ergibt sich folgendes Bild:

- Wie die nachstehende Abbildung zeigt, ist der Urimpuls, das Uranliegen des Krebses Hingabe und Gefühl, Stimmungsnähe und Anpassung an den lebendig sich wandelnden Moment.
- Er lebt mit ganzem Herzen (Löwe) für die Gruppe (2) und sammelt (2) gerne Wertvolles (Löwe). Er möchte Kinder (Löwe) zum Bestand machen und festhalten (2) und Wärme (Löwe) im eigenen Revier (2) verspüren.
- Im Kommunikationsbereich (3) ist der Krebs vorsichtig und zurückhaltend, vernünftig angepaßt (Jungfrau) und eher ängstlich.
- Er möchte im Heim (4) Frieden und Harmonie (Waage)

und verhält sich seelisch eher »vage« bis unentschlossen. Den Partner (Waage) zu Hause (4) zu haben, ist sein großes Glück.

- Sein Selbstausdruck (5) ist eher suggestiv-indirekt (»sagt nein, meint ja«) als offensichtlich, seine Sexualität (5) verschlingend oder verdrängt (Skorpion).
- Er sieht sein Optimum (Schütze) in angepaßtem Verhalten (6) und möchte sich im Alltäglichen (6) entwickeln. Er begreift seine Sinnhaftigkeit (Schütze) im Dienen (6).
- In der Begegnung mit anderen (7) ist er eher auf Sicherheit und Stabilität (Steinbock) ausgerichtet, sucht den treuen und zuverlässigen Partner, verbirgt seinen weichen Kern hinter der Kalkschale (Steinbock) nach draußen (7).
- In seinen Leitbildern (8) sucht er das Außergewöhnliche (Wassermann), hat ein Haß/Liebe-Verhältnis zur Freiheit und wandelt sich (8) in Situationen, wo er sich in die Freiheit (Wassermann) gestellt sieht.
- Philosophisch und religiös (9) hat er einen Hang zur Mystik (Fische) oder auch bisweilen ein verschwommenes (Fische) Weltbild (9), will die Dinge sich von selbst (Fische) entwikkeln lassen (9).
- Er steckt viel Energie (Widder) in den gesellschaftlichen Aufstieg (10), erlebt die Öffentlichkeit als kriegerisches Klima (Widder) und kämpft um sein Profil (10).
- Im Reich der Ideen (11) verhält er sich eher bodenständig – instinktiv (Stier) und klammert (Stier) sich an Freundschaften (11).
- Seine Gedanken (Zwillinge) macht er in Einsamkeit mit sich selbst ab (12) und bekommt seinen Intellekt (Zwillinge) nicht leicht zu fassen (12).

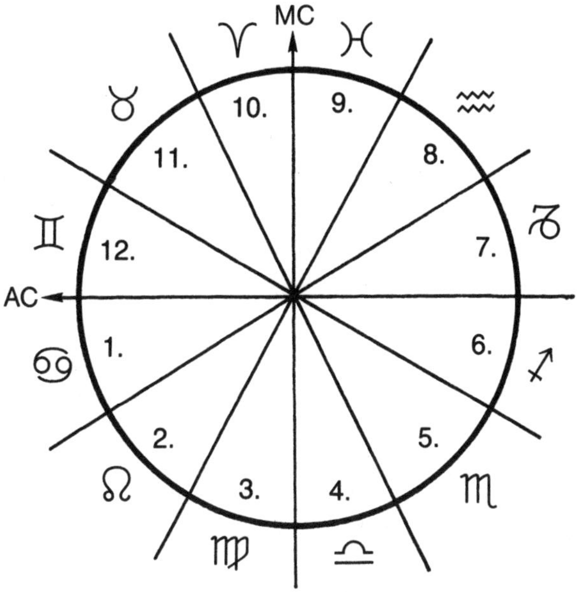


Bei der Betrachtung des *Löwen* ergibt sich folgendes Bild:

- Das Uranliegen, der Urimpuls (1) des Löwen ist Führung und Autorität, ist Ausstrahlung und das Bedürfnis, das Leben als Spiel zu begreifen.
- Im eigenen Revier und in Geldangelegenheiten (2) beansprucht er Diener (Jungfrau) und penible Ordnung und ist eher skeptisch bis vorsichtig im Umgang mit eigenem Geld.
- Er zeigt sich nach außen (3) charmant (Waage), ist diplomatisch in seinen Äußerungen und liebt schöne (Waage) Fahrzeuge (3).
- Seine Seele (4) kennt die Extreme von: »himmelhochjauchzend bis zu Tode betrübt«, er verdrängt oder verschlingt (Skorpion) das Weibliche (4) und lebt in seinem

Privatbereich »Zuckerbrot und Peitsche«.

- Sein Selbstausdruck (5) ist jovial und großzügig bis großspurig (Schütze). Er sucht seine Entwicklung im Auftreten, in riskantem Spiel und in Sexualität (5) und liebt viele (Schütze) Kinder (5).
- Am Arbeitsplatz und im Alltagsleben (6) legt er Wert auf Hierarchien (Steinbock) und zeigt Rückgrat (Steinbock) dort, wo es um vernünftige Anpassung (6) geht. (Unerlöst: weigert sich (Steinbock), sich anzupassen.)
- Im Bereich der Partnerschaft (7) sucht er den freien ungebundenen Umgang (Wassermann) und das immer Neue (Wassermann). Besonders reizvoll sind für ihn exotische bis originelle Partner, die sich nicht binden wollen. (Das Spiel der Katze [Löwe] mit der Maus.)
- Er hat fließende, nicht zweckorientierte (Fische) Leitbilder (8) und stirbt (8) einsam (Fische).
- Seine Lebensphilosophie (9) ist das Recht des Stärkeren (Widder). Er steckt seine ganze Kraft und Leistung (Widder) in seine persönliche Entwicklung (9) und kämpft für Glauben und Religion.
- Er beansprucht sein Revier (Stier) in der Gesellschaft und hat einen bodenständigen Instinkt (Stier) für gesellschaftliche Hierarchien (10). Er greift (Stier) nach öffentlichem Erfolg (10).
- Ideen (11) gegenüber verhält er sich neutral bis neugierig (Zwillinge) und sucht die Kommunikation mit unabhängigen Freunden (11).
- Seine Gefühle (Krebs) macht er im Hintergrund mit sich selbst ab (12), zeigt nicht öffentlich/verheimlicht (12), wenn er beeindruckt ist (Krebs).

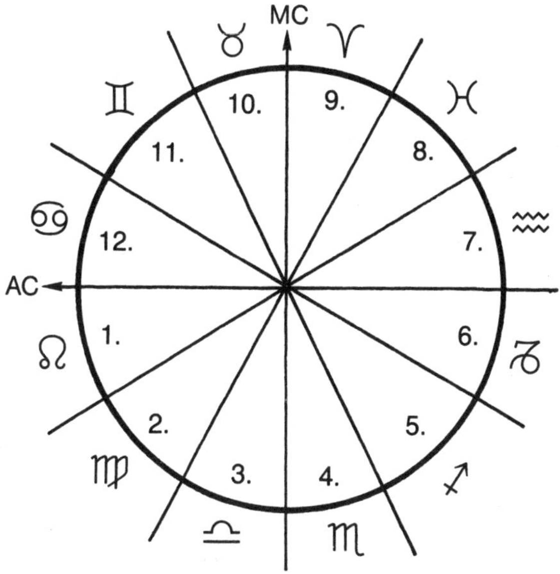


Die *Jungfrau* zeigt der Häuserkreis wie folgt:

- Das Anliegen, der Urimpuls der Jungfrau, ist die Steuerung des Lebens mittels der Vernunft, ein sorgsam akribisches Beobachten der Umwelt, um sich situationsadäquat-angepaßt verhalten zu können.
- Im eigenen Revier (2) sucht die Jungfrau nach Ausgleich und Frieden, möchte möglichst ausgewogen/abwägend mit den Lebens-Mitteln (2) umgehen und den Frieden (Waage) festhalten (2).
- Im Kommunikationsbereich (3) läßt sie sich nicht gerne in die Karten schauen (Skorpion), liebt makabre, sarkastische (Skorpion) Formulierungen (3) und strebt nach Perfektion (Skorpion) im sprachlichen Ausdruck (3).
- Sie findet Sinnhaftigkeit (Schütze) im Bemuttern (4) und er-

wartet im Zuhause (4) ein Klima des Wohlwollens und der Toleranz (Schütze).

- Im Selbstausdruck (5) ist sie verhalten bis ernsthaft, bescheiden bis kategorisch, belehrend bis streng (Steinbock). Sie formalisiert (Steinbock) ihr Auftreten (5) und ist kühl bis konzentriert bei Sex und Spiel (5).
- Am Arbeitsplatz und im Alltag (6) erwartet sie gleichrangige Freundschaft und erweist sich gerade dort als sehr einfallsreich (Wassermann).
- In der Partnerschaft (7) bewegt sie sich mit Tarnkappe (Fische) und sucht die Begegnung (7) mit hypersensiblen Partnern (Fische), um die eigene Nüchternheit durch die Verträumtheit des anderen zu ergänzen.
- Sie kämpft (Widder) für Modellvorstellungen (8) (Leitbilder) vom Leben und verdrängt (8) Aggression (Widder). Andererseits kann sie auch gerade Tatkraft und Leistung (Widder) zum Leitbild erheben (8).
- Ihr Weltbild (9) ist bodenständig und eher materialistisch geprägt (Stier). Es besteht ein Bedürfnis, den Glauben (9) begreifen (Stier) zu können und Halt (Stier) im Vertrauen zu finden.
- In der Öffentlichkeit (10) ist die Jungfrau wendig (Zwillinge) und profiliert (10) sich durch ihren Intellekt (Zwillinge). Gesellschaftliche (10) Kontakte (Zwillinge) sind wichtig.
- Im Reich der Gedanken (11) besteht eine große Aufnahmefähigkeit (Krebs) und Tendenz zur Imitation. So geht die Jungfrau praktisch mit Ideen (11) schwanger (Krebs).
- Ihre Machtbedürfnisse (Löwe) stillt sie im Geheimen (12) und bekommt ihr Selbstbewußtsein schwer zu fassen. So bleibt sie graue (12) Eminenz (Löwe) und ein »Strohmann« im Leben.

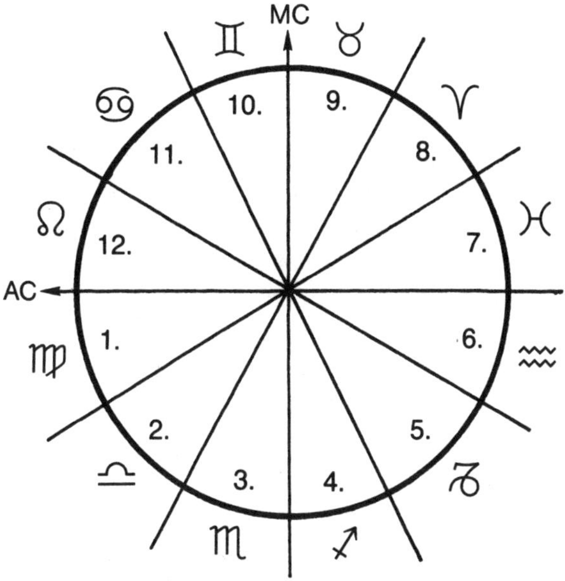


Die *Waage* charakterisiert sich nach dem Häuserkreis wie folgt:

- Für den Waagetypus besteht das Grundanliegen, der Urimpuls in Ausgewogenheit, Frieden, Harmonie und Ästhetik. Er möchte körperlich (1) schön sein.
- Sein Eigenwertempfinden (2) ist ebenso extremen (Skorpion) Schwankungen ausgesetzt wie die Existenzbasis (der Vermögensfundus, die Lebens-Mittel [2]) zwischen plutokratischer Fülle und existentieller Abhängigkeit (Skorpion) hin- und herpendeln.
- Seine Kommunikation (3) hat einen pathetischen, theatralischen (Schütze) Anstrich, er zeigt verbal Toleranz und erwartet sie auch.
- Im Privatbereich und bei emotionaler Nähe (4) verhält er

sich eher kühl und reserviert (Steinbock), möchte klare Verhältnisse in der Familie und sachliche Einrichtung im Zuhause.

- In Selbstausdruck und Auftreten (5) verhält er sich originell bis extravagant (Wassermann) und experimentiert gerne unverbindlich mit Sexualität (Unerlöst: »Homophilie« als Aufhebung der Polarität im Sex: Wassermann in 5). Geistreiche schöpferische Kreativität.
- Am Arbeitsplatz und in Alltagssituationen (6) muß er sich mit Chaos (Chaos) auseinandersetzen und mit schwer durchschaubaren Situationen rechnen. Suche nach der Romantik im Alltäglichen.
- In der Begegnung mit anderen (7) sieht er sich oft mit Rivalität und Aggression konfrontiert und überläßt anderen gerne die Entscheidung (Widder), bzw. stachelt diese zu Tun an.
- Die Gruppe/Zusammengehörigkeit (Stier) ist sein Leitbild (8), Sinnlichkeit und Geschmack (Stier) werden idealisiert und schaffen so Abhängigkeit (8).
- Sein Weltbild (9) ist die Relativität der Dinge (Zwillinge), er redet gerne über den Sinn des Lebens und sucht mit dem Verstand (Zwillinge) zum Glauben (9) zu gelangen.
- Gesellschaftliche Positionen (10) beeindrucken ihn (Krebs), er sucht seine Familie (Krebs) im Beruf (10) und gibt sich in der Öffentlichkeit privat.
- Sein Herz (Löwe) hängt an Originalität und Esprit (11), er sucht seine Ausstrahlung in der Geistigkeit und möchte Primus (Löwe) inter pares (11) sein.
- Er ist skeptischer Beobachter (Jungfrau) des Unfaßbaren (12), setzt sich analytisch mit den Hintergründen des Lebens auseinander und verbirgt seine Kritik.

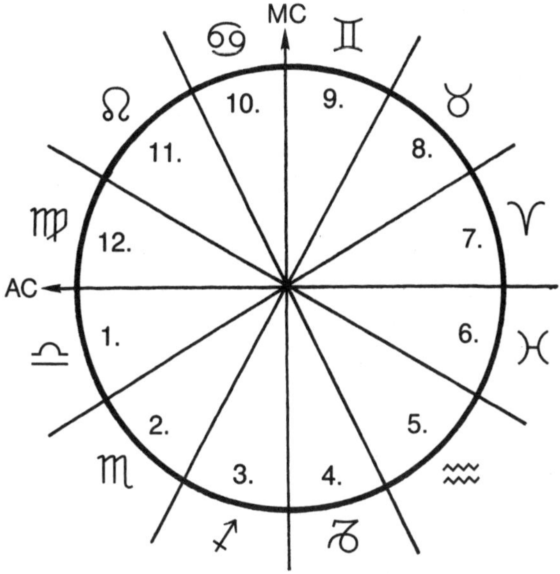


Die »Häusercharakteristik« des *Skorpions* lautet:

- Das Grundanliegen, der Urimpuls des Skorpions ist das ideale, perfekte Leben, das Leitbild, die fixe Idee, tiefgründiger Wandel, Sterben und Wieder-Werden.
- In dem Bedürfnis zu besitzen (2) schießt er gerne über das Ziel hinaus (Schütze), sucht die Expansion in seinem Revier und erwartet dort Toleranz. Er sieht den Sinn (Schütze) im Haben (2).
- In Sprache/Kommunikation (3) ist er zurückhaltend bis kühl, im Denken (3) komprimiert und kategorisch (Steinbock).
- Im Privatbereich, Familie, Zuhause (4) ist er sprunghaft bis unberechenbar (Wassermann), sucht Freundschaft (Wasser-

mann) als Familie, möchte frei werden von. Beeindruckbarkeit (4).

- Er verliert sich (Fische) im Sex (5), tarnt sich im Selbstausdruck, hat eine ungreifbare Ausstrahlung, riskiert (5) Alles oder Nichts (Fische).
- Im Alltag und am Arbeitsplatz (6) wittert er Rivalität (Widder), bekämpft Vernunft und Anpassung (6) und sucht doch gerade dort Anregung und Impuls (Widder).
- In der Partnerschaft (7) ist er besitzergreifend, hält den anderen für sein Eigentum (Stier) und wird durch Sinnlichkeit (Stier) herausgefordert (7).
- Er denkt (Zwillinge) in Modellvorstellungen (8), relativiert Ideale und opfert sich (8) für Kameradschaft (Zwillinge).
- Er ist sehr aufnahmefähig (Krebs) für Wertvorstellungen, Religion und Weltanschauung (9), hat ein gefühlsbetontes Weltbild und glaubt (9) an die Natur (Krebs).
- Sein Ziel, sein gesellschaftliches Streben (10) gilt der Macht (Löwe), sucht nach öffentlicher (10) Anerkennung, erlebt Macht hierarchiebetont und hängt sein Herz an die Berufung.
- Er ist skeptisch (Jungfrau) gegenüber Freunden (11), analysiert (Jungfrau) Ideen (11), sucht Methodik im Zufall und verwertet (Jungfrau) Erfindungen (11).
- Er verbirgt (12) seine Freundlichkeit (Waage), die er auch schwer zu fassen bekommt, sucht die geheime (12) Partnerschaft (Waage) und findet seinen Frieden im Alleinsein (12).

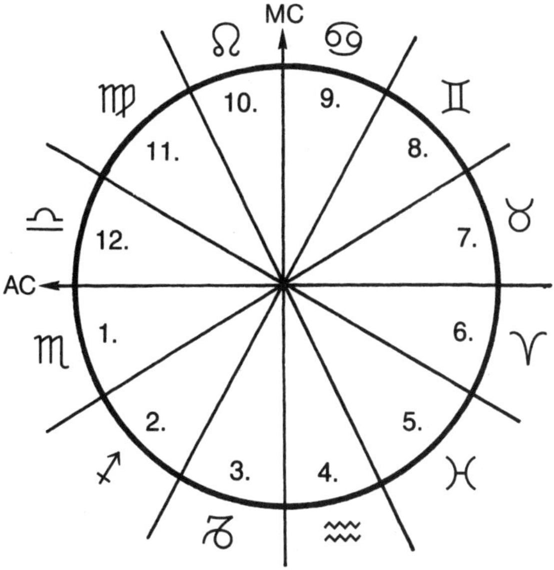


*Schütze* zeigt sich, am Häuserkreis gemessen, wie folgt:

- Das Uranliegen, der Grundimpuls (1) des Schützen ist Entwicklung, Ausweitung, Evolution, Erweiterung des geistigen Horizonts, Sinnhaftigkeitssuche, Urvertrauen und Optimismus.
- Er besitzt (2) gerne, was gesellschaftlich anerkannt und angesehen ist (Steinbock) oder schränkt (als Missionar und Glaubensmann) eigenes Besitztum (2) auf das unbedingt Notwendige ein (Steinbock).
- In Sprache und Kommunikation (3) brilliert er durch Originalität (Wassermann) und Einfallsreichtum, geht im Denken (3) eigene, neue Wege (Wassermann) und demonstriert sich nach außen (3) freiheitsbewußt.
- Er ist seelisch (4) eine Mimose (Fische), sucht im Zuhause (4) nach Grenzenlosigkeit (Nomadenthematik) und möch-

te Weltbürger (Fische = überall zugleich; Bürger = 4) sein.

- Sein Selbstausdruck/Auftreten ist initiativkräftig durchsetzungsstark bis hin zum Befehlston (Widder), seine Sexualität (5) von Eroberungs- und Jagdtrieb gekennzeichnet.
- Im Alltag und am Arbeitsplatz (6) gibt er sich gutmütig und gruppenbezogen (Stier), sucht dort nach Bequemlichkeit und Genuß. Die Arbeitsatmosphäre sollte von ruhiger Beharrlichkeit (Stier) geprägt sein.
- In der Partnerschaft (7) schätzt er Offenheit, Vielseitigkeit und kluge Gesprächspartner (Zwillinge), legt sich nicht gerne fest, und bevorzugt problemlose Partner.
- Er verzichtet – oder fixiert sich leitbildhaft – (8) auf Gefühlsbetontes, opfert (8) die Familie auf (Priester) oder strebt nach einem Ideal(-modell) von Familie.
- Er widmet sich mit ganzem Herzen (Löwe) Weltanschauungen, Weltbildern und Religionen (9), möchte Macht und Autorität (Löwe) im religiösen Bereich und macht von Herzenslust gerne (Löwe) Weltreisen (9).
- Sein Ehrgeiz (10) gilt der Vernunft (Jungfrau), er analysiert kritisch (Jungfrau) die gesellschaftlich geltende Norm (10) und möchte überpersönlichen Zielen (10) dienen (Jungfrau).
- Er verführt (Waage) durch seinen Einfallsreichtum (11), fühlt sich auch seinerseits durch spritzigen Geist (11) angezogen (Waage) und hat diplomatische (Waage) Freunde (11).
- Das Ringen mit sich selbst (Skorpion) macht er im Hintergrund (12) ab, kann die eigenen Verdrängungsmechanismen (Skorpion) schlecht fassen (12) und verbeißt sich (Skorpion) bisweilen in Illusionen (12).

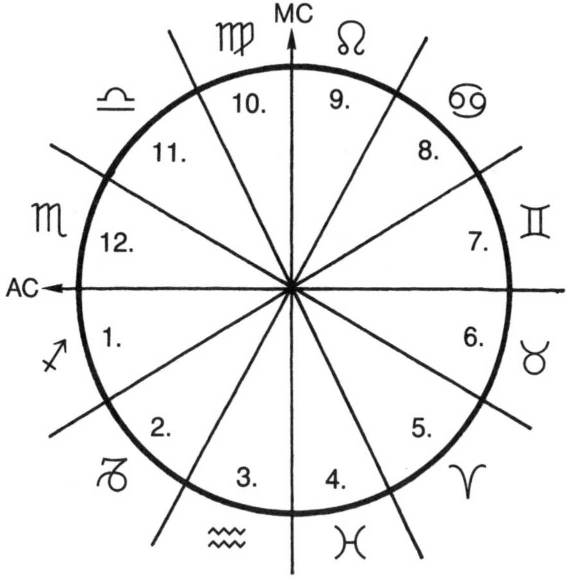


Bei der Betrachtung des *Steinbocks* ergibt sich:

- Das grundsätzliche Anliegen, der Urimpuls (1) des Steinbocks ist Wahrheit, Klarheit, Beschränkung auf das Wesentliche, Ordnung, »Rückgrat«, »Charakter«, Abgrenzung und Stille.
- Im Besitzbereich (2) erlebt er Überraschungen (Wassermann), möchte Originalität (Wassermann) zum Bestand machen (2), Reviere (2) für die Freiheit errichten und damit Freiheit einschränken.
- Im Kommunikationsbereich (3) läßt er sich nicht gerne in die Karten schauen (Fische), zeigt sich (3) getarnt (Fische), sehnt sich nach universellem (Fische) Intellekt (3).
- Im Privatbereich (4) ist er ungeduldig (Widder), möchte seine Gefühle (4) kompromißlos, direkt und ehrlich an

den Mann (die Frau) bringen und muß um sein Privatleben (4) kämpfen (Widder).

- Sein Auftreten (5) ist bodenständig/konservativ (Stier), in der Sexualität ist er hungrig, treu, eifersüchtig und besitzergreifend (Stier). Seine Risikofreude (5) bewegt sich auf solider Basis.
- In Anpassungssituationen, Arbeitsplatz und Alltag (6) verhält er sich klug, zweckmäßig, vermittelnd und hält viel von Beziehungen (Zwillinge).
- In der Partnerschaft (7) sucht er das Gefühl (Krebs), umgibt sich gerne (7) mit Kindern und Frauen (denen er Halt geben möchte und bei denen er Halt sucht).
- Den spielerischen Aspekt des Lebens (Löwe) opfert er leitbildhaften Ideen (8), verzichtet (8) auf Spiel u. Spaß, obwohl er es andererseits als Ideal (8) sieht. Sein Leitbild (8) ist Autorität (Löwe).
- Sein Weltbild (9) ist von skeptischem Realismus (Jungfrau; geprägt, er sieht Entwicklung (9) unter dem Aspekt der kleinen, methodischen Schritte Jungfrau) und glaubt (9) nur, was er sich erklären kann (Jungfrau).
- Sein Ziel (10) ist, den Frieden zu finden (Waage), er möchte eine harmonische Gesellschaftssituation (10) und tendiert zu Diplomatie/Schmeichelei (Waage), wenn es um ehrgeizige gesellschaftliche Zielsetzungen geht.
- Er macht sich gerne von Ideen (11) abhängig (Skorpion), die er verbissen verfolgen kann, und hat eine Haß/Liebe-Einstellung gegenüber dem Thema Freiheit (11).
- Toleranz (Schütze) ist für ihn schwer greifbar, oder wird hintangestellt (12), seine Entwicklung (Schütze) findet im Geheimen (12) statt.

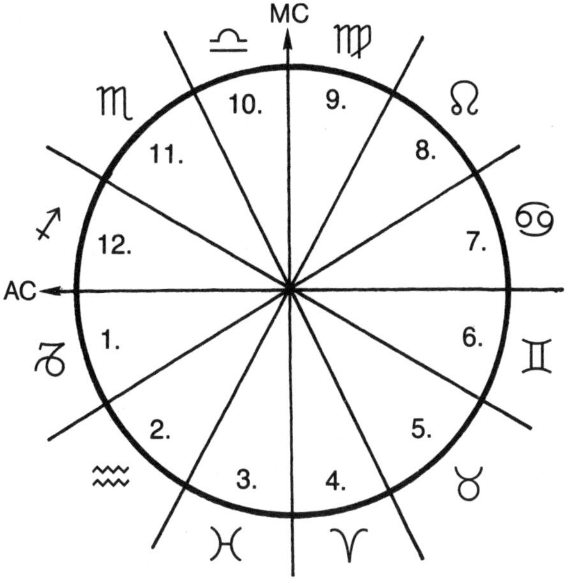


Die Signatur des *Wassermanns* ist nach dem Häuserkreis folgende:

- Das Uranliegen, der Grundimpuls des Wassermanns ist Freiheit, Gleichheit, Brüderlichkeit, Aufhebung von Gegensätzen, Reform, Erneuerung, Erfindung und geistige Kreativität.
- Im Besitzbereich (2) hat er gerne Illusionen oder Nichts (Fische), tarnt sich (Fisch) im eigenen Revier (2), hat keinen festen Boden (2) unter den Füßen und ernährt (2) sich lieber flüssig als fest (Fische).
- In Sprache, Schrift, Kommunikation (3) zeigt er sich kampfbetont (Widder), möchte sich verbal und im Denken (3) durchsetzen (Widder) und handelt (3) gerne mit Waffen (überlieferte Bedeutung des Wassermanns: »Revolutionär«).
- Er sucht sein Zuhause (4) auf dem Lande (Stier), möchte

eine Gruppe als Familie (4) und hat recht bodenständig-traditionelle Vorstellungen von Gefühlen.

- In seinem Auftreten (5) zeigt er sich intellektuell (Zwillinge), nimmt es mit dem Sex (5) recht leicht, fast kameradschaftlich, und redet auch gerne offen darüber.
- Er sucht am Arbeitsplatz (6) familiäre Stimmung (Krebs), denkt gerne systematisch (6) über Gefühle nach und ist im Alltag (6) stimmungsabhängig bis launisch (Krebs).
- Er sucht in der Partnerschaft (7) nach Ausstrahlung und Autorität (Löwe), sieht sich oft in Opposition (7) zur Macht (Löwe) des anderen, und möchte über den anderen sein Zentrum finden.
- Er opfert (8) die Vernunft (Jungfrau) fixen Ideen oder ist fanatisch (8) vernunftbetont und beobachtet kritisch (Jungfrau) leitbildhafte Vorstellungen.
- Seine Lebensphilosophie (9) ist die Harmonie und der Frieden (Waage), er sieht Entwicklung (9) in Zusammenhang mit Partnerschaft (Waage) und glaubt (9) an die Schönheit.
- Sein Ziel (10) ist der tiefgründige Wandel (Skorpion) gesellschaftlicher Verhältnisse (10), er hat ein Haß/Liebe-Verhältnis zu den geltenden Normen (10) und fühlt sich von ihnen abhängig, weshalb er sie insgeheim bekämpft (Skorpion).
- Er hat eine Fülle (Schütze) von Einfällen (11) und Freundschaften (11), missioniert (Schütze) für die Freiheit (11) und glaubt (Schütze) an die Zukunft (11).
- Er kann Ordnung, Struktur, Konsequenz und Durchhaltevermögen (Steinbock) schwer fassen (12), löst sich (12) von der Vergangenheit (Steinbock) und macht den »Ernst des Lebens, (Steinbock) alleine mit sich im Geheimen (12) ab.

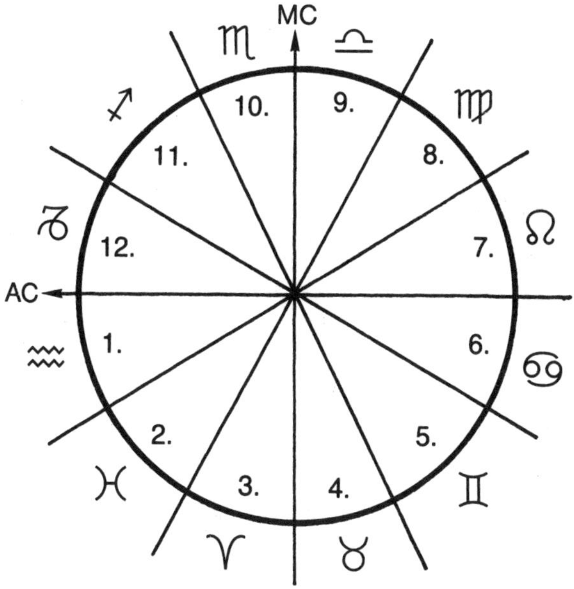


Bei der Betrachtung der *Fische* erhalten wir folgendes Bild:

- Das Grundanliegen, der Urimpuls (1) des Fischezeichens ist die Grenzauflösung, die das Einswerden mit der Schöpfung ermöglicht, die Transzendenz, die Selbstaufgabe, das Verbleiben im Reich der Möglichkeiten, der Phantasie und Traumwelten.
- Er muß um den materiellen Fundus (2) kämpfen, sich im eigenen Revier durchsetzen lernen, sich ein Revier erkämpfen und den Impuls zur Entscheidung (Widder) festhalten.
- Im Kommunikationsbereich (3) gutmütig-verhalten (Stier) sammelt (Stier) er Information (3) und sucht Halt (Stier) in den Gedanken (3).
- Sein Zuhause (4) hat wenig Stabilität, ist offen und luftig (Zwillinge), seine Gefühle (4) neutral und objektiv (Zwil-

linge). Er findet seine Heimat (4) unterwegs und sucht Kameradschaft (Zwillinge) in der Familie.

- Sein Selbstausdruck/Auftreten (5) ist gefühlsbetont-zurückhaltend (Krebs), seine Sexualität (5) weiblich-reagierend und sehr stimmungsabhängig. Seine Ausstrahlung ist kindlich/mütterlich/familiär.
- Am Arbeitsplatz/im Alltag (6) sucht er Autorität und möchte sie auch selbst verkörpern. Er dient (6) mit ganzem Herzen (Löwe). Zeitweise beobachtet er die Lebenskraft/Vitalität (Löwe) kritisch und zweifelt an ihr, bzw. sucht sie sparsam einzuteilen (6).
- In der Partnerschaft (7) sucht er nach einem zuverlässigen und vernünftigen Partner, beobachtet den anderen ängstlich bis skeptisch (Jungfrau) und möchte dem Partner dienen und von ihm umsorgt werden.
- Er opfert (8) die Partnerschaft für seine Ideale, erhebt andererseits Frieden, Harmonie und Partnerschaft zum Leitbild (8) und stirbt malerisch (Waage).
- Seine Lebensphilosophie (9) ist die Selbstaufopferung (Skorpion), er neigt zu religiösem (9) Fanatismus, sucht den Sinn (9) in der Metamorphose/Tod und hat eine Haß-Liebe-Einstellung (Skorpion) zu Fernreisen (9).
- Sein Ziel (10) ist Glauben und Evolution (Schütze), er sucht Toleranz und Humanismus in der Gesellschaft (10) oder gibt sich dort (kompensatorisch) großspurig (unerlöster Schütze in 10 bei unerlöstem Fisch/Betrüger in 1).
- Freundschaften und Ideen (11) gegenüber verhält er sich restriktiv, beschränkt beides auf das Wesentliche (Steinbock) und möchte sich von Grenzen (Steinbock) befreien (11).
- Seine Individualität/Originalität (Wassermann) hält der Fischetypus im Hintergrund verborgen (12) oder bekommt sie schwer zu fassen (12).

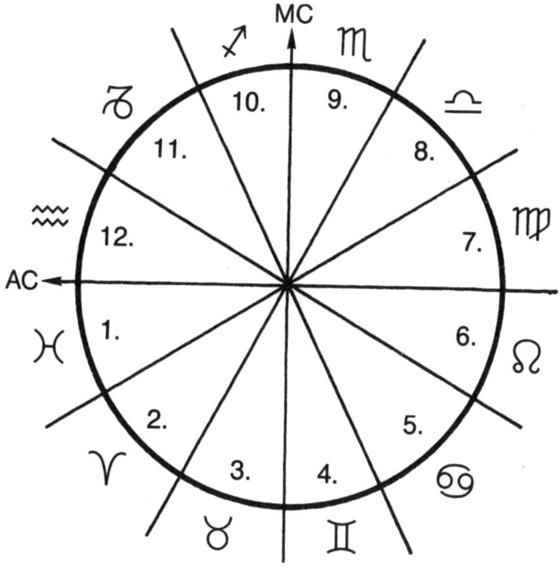


Alle vorangegangenen Deutungsbeispiele möchten Ihnen die Technik erläutern, wie Sie mit Hilfe des Häuserkreises detaillierte Aussagen über die Tierkreiszeichen erhalten können. Vielleicht ist es mir damit gelungen, Ihre Neugier auf weitere Möglichkeiten von Symbolkombinationen zu lenken und Ihre kombinatorische Kreativität anzuregen.

# Schlußbemerkung

So ergiebig der wunderbare Kreis des Häusersystems und der Tierkreiszeichen für die konkrete Anwendung in der astrologischen Arbeit auch sein mag, so galt mein besonderes Anliegen dem Versuch, das Häusersystem als ein philosophisches Denksystem darzustellen, was dabei helfen mag, tieferen Einblick in die Zusammenhänge unseres Lebens und der Existenz im allgemeinen zu gewinnen.

# Bibliographie

Morris Berman: Wie die Welt entzaubert wurde
Vortrag in: Goldman TB Nr. 14016 »Andere Wirklichkeiten«, München 1986.

Dane Rudhyar: Astrologie der Persönlichkeit, München 1979.

R. Sheldrake: Das schöpferische Universum, München 1983.

Rüdiger Dahlke: Der Mensch und die Welt sind eins, München 1987.

Thorwald Dethlefsen: Schicksal als Chance, München 1979.

Nicolaus Klein, Rüdiger Dahlke: Das senkrechte Weltbild, München 1986.

Liz Greene: Astrologie und Schicksal, München 1985.

# Neu im Stb

*Foster Perry*

## Der Pfad des Kolibris

*Mein Weg zum Schamanen*
*– Stationen einer Visionsreise –*

ISBN 3-89767-439-4

*Peter Orban*

## Drehbuch Partnerschaft

*Der Partner im Spiegel deines Horoskops*

ISBN 3-89767-421-1

*Barbara Marciniak*

## Die Lichtfamilie

*Lehren für die kommenden Jahre bis 2012*

ISBN 3-89767-425-4

*Levi*

**Das Wassermann-Evangelium**

*Von Jesus dem Christus*

ISBN 3-89767-428-9

*Melita Denning • Osborne Phillips*

**Psychischer Selbstschutz**

*Die Entwicklung positiver Kräfte*

ISBN 3-89767-429-7

*Marielu Lörler*

**Die Jetzt-Übung**

*Wo Geist und Körper verschmelzen*

ISBN 3-89767-432-7

*Brian Bates*

**Wyrd**

*Der Weg eines angelsächsischen Zauberers*

ISBN 3-89767-441-6

*Anton Stangl*

**Urschöpfungskraft und Freie Energie**

*So nutzen Sie die Quelle der Gesundheit*

ISBN 3-89767-427-0